2021

从数字生活到数字社会

中国数字经济年度观察

美团研究院 ◎ 编著

人民出版社

目　录

美好瞬间

22 张照片，22 个细节

年度真知

善的探索

编者的话

2020 年是难忘的一年。

在全国上下统筹推进疫情防控和经济社会发展，最终取得抗击新冠肺炎疫情斗争重大战略成果的过程中，"从数字生活到数字社会"这一时代命题，在九州大地生动地实践着——网购、网络订餐、无接触配送、健康码、在线预约口罩和核酸检测、大数据助力流调溯源、一网通办一网统管……从这些应用层的数字化便民利民服务一路下钻，是中间层的数据打通、系统打通，是基础层的 5G/4G 网络、云计算云存储中心。而在多层数字化体系之外，还有一系列与之配套的政策制度，以及各级各地政府治理能力的出色表现。

岁序更新，本书付梓之时，已是 2021 年年中。

在过去的几个月里，平台经济作为数字经济的重要形态，如何促进其规范发展，成为社会各界广泛关注的议题。今年 3 月，习近平总书记主持召开了中央财经委员会第九次会议，会议指出，"我国平台经济发展的总体态势是好的、作用是积极的，同时也存在一些突出问题，一些平台企业发展不规范、存在风险，平台经济发展不充分、存在短板，监管体制不适应的问题也较为突出"，同时强调，"要坚持正确政治方向，从构筑国家竞争新优势的战略高度出发，坚持发展和规范并重，把握平台经济发展规律，建立健全平台经济治理体系，明确规则，划清底线，加强监管，规范秩序，更好统筹发展和安全、国内和国际，促进公平竞争，反对垄断，防止资本无序扩张"。

发展过程中出现的问题，需要通过更规范、更充分的发展去解决。本书是观察中国数字经济年度发展的一扇小小的窗口，期待在明年编撰的内容中，看到平台经济企业按照中央会议精神更规范更健康的发展，看到数字经济更多造福百姓生活，助力社会发展。

2021 年 5 月

编者

美好瞬间

2020 年 7 月，北京丰台区莲花池公园的工作人员正耐心教老人如何通过智能手机扫描二维码预约入园

2020年底，美团打车等网约车平台推出适老化改造：打车页面的字体更大，并带有语音提示和"一键打车"功能。刘女士觉得，改造后的打车平台用起来方便多了

　　疫情防控期间，市民通过网购获取生活物资，线上订单量激增。武汉江汉区唐蔡社区接到社区团购通知后，组织社区党员干群、志愿者等力量，前往中百仓储唐家墩店提货

（上）一家"撸鸭馆"内，年轻市民慕名而来体验"撸鸭"的快乐

（下）女孩被一群"治愈系"的狗狗团团围绕，疫情带来的阴霾也随之烟消云散

　　依靠 16 万元贷款和改进后的外卖业务，"咖喱博士"度过了艰难时刻。2020 年 5 月，小店经营逐渐恢复，店主唐晓和她的创业伙伴在店门口开心地合影留念

2020 年夏天北京疫情反扑，老陈烧烤店依靠外卖维持经营。随着疫情逐渐得到稳定控制后，烧烤的生意又恢复了往日的红火

无接触 安心送

北京市顺义某小区门口。刘女士正在从送货上门的美团无人车中取外卖

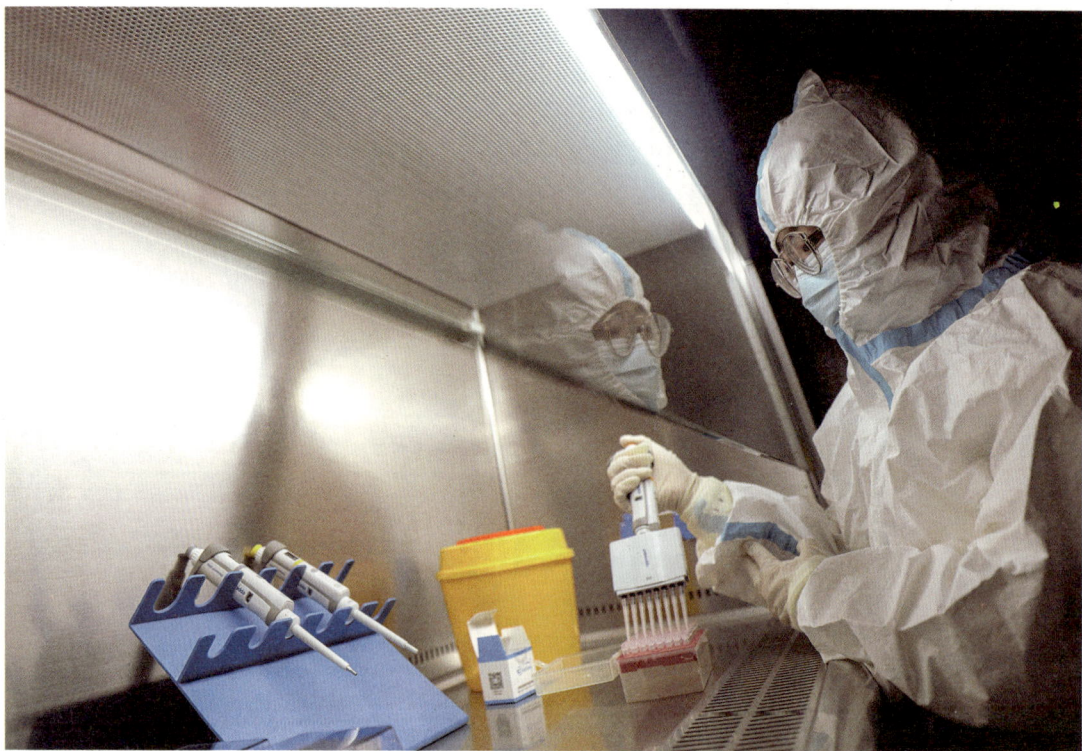

2020 年，新冠肺炎疫情突如其来，核酸检测员成为一种新职业

新潮玩法"剧本杀"的兴起，让剧本设计师有机会把爱好变成职业

"80后""饮食闺蜜"辞职创业开启老板生涯，她们将小店"搬"上了外卖平台，取名"等我餸上门"

（上）临近春节，各地雨雪天气增多，一个配送站点的站长正在给骑手戴围巾

（下）入夜，成都夜市人声鼎沸。据《2020 中国都市夜间"出行 + 消费"分析报告》显示，成都位居 2020 年国内城市夜间经济（出行 + 消费）总单量排行榜首位

北京的一家小餐厅里，顾客正通过扫描"安心码"了解涉及餐厅人员健康情况的全部信息

位于深圳市福田区的振中路和红荔路上的"小蓝道"，不仅保障了交通秩序，而且提升了非机动车安全

3500 多条共享单车的废旧轮胎，经过回收处理，成为四川省阿坝藏族羌族自治州小金县宅垄镇小学的崭新篮球场

2020 年 8 月 13 日，贵州省黔西南州晴隆县阿妹戚托小镇史无前例地对火把节进行了现场直播。这种旅游直播的方式让更多人看到了晴隆县的美景

李大爷是甘肃省临夏州大庄村的花椒种植户。2020 年，根据美团"青山计划"提供的种植改良方案，他们村里花椒增产 50%

湖北省宜昌市秭归县是"中国脐橙之乡"。2020 年，韩阿姨的脐橙被美团优选"农鲜直采"鉴定为优质脐橙并大量收购，全家度过了安心的春节

受"袋鼠宝贝"公益计划资助骑手母子的温情时刻。截至 2020 年底，该公益计划已帮助 70 名骑手子女

23 岁的国家建档立卡贫困户易丛斌选择在"家门口"就业成为一名骑手，从骑马到骑电瓶车，他又做回了那个喜欢自由的少年

贵州省毕节市三甲街道中心幼儿园马家庄分园。2308 家酒店老板通过美团酒店公益商家计划，一起为马家庄幼儿园捐赠了 6496 块 PP 板，铺设成一个崭新的多功能运动场

年度真知

■ 用户篇

疫情之下全面建成小康社会
国人服务消费的变化

2020 年 10 月底，党的十九届五中全会宣布，我国"决胜全面建成小康社会取得决定性成就"①。疫情之下全面建成小康社会，彰显了中国经济发展的韧性与活力，也展现出居民消费升级的需求与趋势。国家统计局《2020 年国民经济和社会发展统计公报》② 显示，2020 年我国是全球唯一实现经济正增长的主要经济体，经济总量突破 100 万亿元大关，人均 GDP 同比增长 2%，连续两年超过 1 万美元，高于世界中等收入国家平均水平。

其中，最终消费在 GDP 中占比达 54.3%，连续 7 年成为拉动经济增长的第一动力，是经济稳定运行的压舱石。人均服务性消费支出占消费总支出比重为 42.6%，较 2019 年有所下降，但数字消费仍有较快增长，在线教育、智慧娱乐、智能家居等消费新业态新模式蓬勃发展，展示出消费的新场景、新空间与新机遇。

疫情之下，老年人加速拥抱数字生活，开始尝试体验线上买菜、网约车出行、新奇密室，老年群体数字消费的壁垒在逐渐被消除；独居年轻人的"单身经济"迸发出独特魅力，一人食、小家电、迷你 KTV 等一人份产品

---

① 《中共十九届五中全会在京举行》，《人民日报》2020 年 10 月 30 日。
② 2021 年 2 月 28 日，国家统计局正式发布《中华人民共和国 2020 年国民经济和社会发展统计公报》。

受追捧；宅家抗疫还带来了意料之外的消费需求，美团 2020 年春节期间"烘焙类"产品搜索量增加 100 倍，酵母销量增长近 40 倍，酱油、醋、十三香等总体销量增长了 8 倍多，钻研厨艺成为全民娱乐；本地游、周边游成为出行首选，人们热衷发掘那些近在咫尺却一直被忽略的美景；数字消费的广泛普及，也让"小镇青年"悄然间走在了消费市场的前列……可以说，消费边界拓宽延伸、消费结构转型升级、消费浪潮澎湃不息，全面小康的美好画卷已经徐徐展开。

人们消费的嬗变，不仅意味着民生的改善，更藏蕴着经济增长的强劲动能。消费新业态的成长与新模式的更迭，不仅是疫情下的应急之举，更是经济创新活力的持久迸发。当消费场景从线下向线上延伸，消费对象由商品转向商品和服务并重，消费体验从大众化向个性化探索，日常生活可以创造新花样，经济发展也足以开辟新蓝海。因此，牢牢把握扩大内需这一战略基点，优化居民消费结构，把超大规模市场优势和消费潜力充分激发出来，既是保持我国经济长期持续健康发展的根基所在，也是满足人民日益增长的美好生活需要的题中之义。

适老服务弥合数字鸿沟
单身经济释放消费活力

　　飙英语玩魔方、喝可乐吃汉堡、火锅串串涮毛肚……这是成都百岁奶奶喻泽琴的日常，乐观爽朗的心态让她在短视频APP俘获了百万粉丝，成为不折不扣的"银发网红"。2020年前后，B站、抖音、快手等APP上出现了不少喻泽琴这样的老年网红，他们通过网络输出人生经验，也分享精彩的晚年生活，成为老年群体跨越数字鸿沟的鲜活代表。

　　新冠肺炎疫情进一步加速了老年群体触网的步伐。阿里巴巴《老年人数字生活报告》[①]指出，2020年第三季度老年人使用淘宝APP的月均活跃度同比增速远超其他年龄段，高出整体水平29.7个百分点。美团《2020十一长假生活消费报告》也显示，60岁以上老年用户数量同比2019年增长超过八成，数字生活在更广泛的人群和地域持续渗透。

　　尽管有相当比例的老年人活跃于网络，但老年群体在数字生活中仍面临许多实际的困难。从传统生活切换到线上世界，不少老人难免出现难以适应的情形，无法充分享受智能化服务带来的便利。今年63岁的王奶奶生活在成都青白江区，这里距离成都市区较远，王奶奶住处附近尚未规划地铁，最近的公交站也要步行近半个小时，去医院或者市区访友都非常不便。王奶奶也曾尝试网上叫车，但均未成功，"注册、设置密码、短信验证、绑定银行卡……每一步对我来说都太难了"，搞不明白操作流程的王奶奶只好辗转乘

---

① 2020年10月23日，阿里发布《老年人数字生活报告》，链接：http://www.xinhuanet.com/tech/2020-10/23/c_1126649338.htm。

坐地铁或公交车。

网约车、移动支付、线上挂号、线上买菜……这些与日常生活息息相关的数字生活场景中，年轻人信手拈来的操作，老人们却可能力不从心。数字时代不应落下年迈的身影，给老年人在"快时代"留个"慢选项"，用适老化的产品和服务填补代际间的数字沟壑，才能让老年人真正享受到数字时代的馈赠。

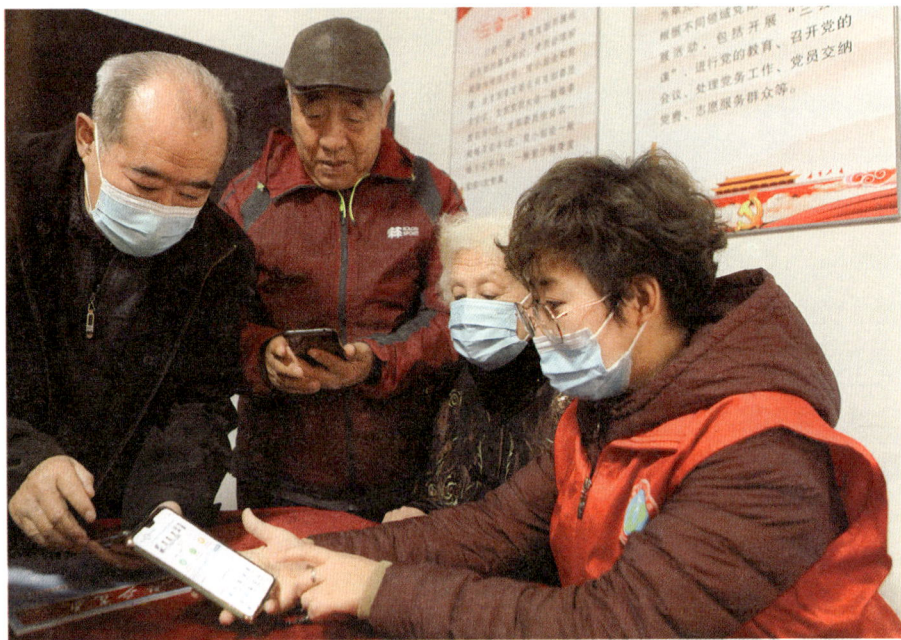

老人学习使用手机

为了建立更友好的老龄化数字环境，2020 年 11 月 24 日，国务院办公厅印发《关于切实解决老年人运用智能技术困难的实施方案》①。它覆盖了出行、就诊、消费等多个日常生活场景，对相关公共场所的服务环节和硬件设

---

① 2020 年 11 月 24 日，国务院办公厅印发《关于切实解决老年人运用智能技术困难的实施方案》，链接：http://www.gov.cn/xinwen/2020-11/24/content_5563861.htm。

施提出要求，为老年人提供更周全、更贴心、更直接的便利服务。12 月 24 日，国家工信部印发《互联网应用适老化及无障碍改造专项行动方案》[①]，决定自 2021 年 1 月起，在全国范围内组织开展为期一年的专项行动，着力解决老年人等特殊群体在运用智能技术时遇到的困难，美团、支付宝、滴滴出行等应用均在首批改造名单之列。

作为老年群体与数字生活的连接中介，各互联网企业积极开发适老化产品，为老年人提供有质量、有温度的数字服务。2021 年 1 月 22 日，滴滴老人打车小程序在全国正式上线试运行，采用大字号简洁设计，方便老年人操作使用，还设置了 10 个常用地址，可提前输入常去的超市、学校、子女住址、医院等地址。此外，滴滴出行还为不会使用智能手机的老年人提供了

美团打车"一键叫车"功能界面

---

① 2020 年 12 月 24 日，工信部印发《互联网应用适老化及无障碍改造专项行动方案》，链接：https://www.miit.gov.cn/zwgk/zcwj/wjfb/txy/art/2020/art_3e1c2bf3f1d6410fab42728a33ec7c3b.html。

"电话叫车"服务。2021 年 2 月 9 日，美团打车升级老年人服务，在上海、南京试运营"一键叫车"功能，优化界面并配备语音助手。曾经视网约车为畏途的王奶奶，已经能够熟练地使用叫车软件上的"一键叫车"功能，出门看病变得更加方便。

不仅如此，针对老年群体因没有健康码而造成的出行不便等窘境，互联网企业的适老化改造也迅速填补了空白。2021 年 2 月，数字生活服务商支付宝上线了 5 种方式帮助老人使用健康码，包括子女代持、他人待查、刷身份证、刷市民卡和离线码随身携带等，便利老人出行使用。例如，当老人在无陪同情况下出行时便可以请路人帮查，在征得同意后，他人只要输入老人（60 岁以上）的身份证号，就可临时展示健康码 10 秒钟，让出行更加顺畅。

各地方政府也着手推出精准化、精细化的适老服务。广东政务微信小程序"粤省事"上线了全国首个移动端适老化老年人服务专区——"尊老爱老服务专区"，为老年人提供 38 个事项、8 类便利化服务；浙江杭州，市民卡和健康码深度融合，老年人刷一下卡就能看病就医、公交出行；四川省民政厅出台了《四川省公共服务适老化改造提升 2020 年 10 项行动及任务清单》，全面实施公共服务适老化改造提升；2021 年 2 月，北京宣布将落实 52 条具体措施，包括简化网上办理就医服务流程，为老年人提供语音引导、人工咨询等功能服务等，切实解决老年人运用智能技术时遇到的困难。

根据中国互联网络信息中心发布的第 47 次《中国互联网络发展状况统计报告》[①]，截至 2020 年 12 月，我国网民规模为 9.89 亿，其中 50 岁及以上网民群体占比由 2020 年 3 月的 16.9% 提升至 26.3%，互联网进一步向中高龄人群渗透。随着适老化产品与服务的推广运用，将带动更多老人真正地融入互联网，不仅能够让老年人更好分享信息化发展成果，也能为"银发经济"发展打通"堵点"、创造有利条件。

① 2021 年 2 月 3 日，中国互联网络信息中心发布第 47 次《中国互联网络发展状况统计报告》，链接：http://www.cac.gov.cn/2021-02/03/c_1613923423079314.htm。

如果说老年群体是积极向数字生活靠拢的"数字移民",生于网络、长于网络的"90 后"和"00 后"则是数字时代的"原住民"。他们在享受便捷数字生活的同时,开始追求更加自我与更高品质的生活,哪怕是一个人,也要过得精彩。

出生于 1993 年的郑子衣很享受自己的单身生活,周末一个人去海底捞和玩偶熊一起吃火锅,平时下班回到家点几道小碗菜,一边"撸猫"一边刷剧是她的生活日常。疫情防控期间,喜欢唱歌的郑子衣还给自己购置了可以在线 K 歌的小话筒,在家也能享受一个人的 KTV 时光。

郑子衣的生活状态是我国数亿单身人群的一个缩影。民政部数据显示,2018 年我国单身成年人为 2.4 亿,超 7700 万人处于独居状态,预计到 2021 年,这一数字将会上升到 9200 万人。如此大体量的人群催生了更多垂直细分领域的个体化消费需求,如单人小火锅、小家电、迷你 KTV、小户型公寓等"一人份"的消费形态蓬勃兴起,而单身人群也展现出了更强的消费能力和消费意愿,他们的消费喜好逐渐成为衣食住行娱等行业的重要风向标。

一人份餐饮消费新形态蓬勃兴起

（%）

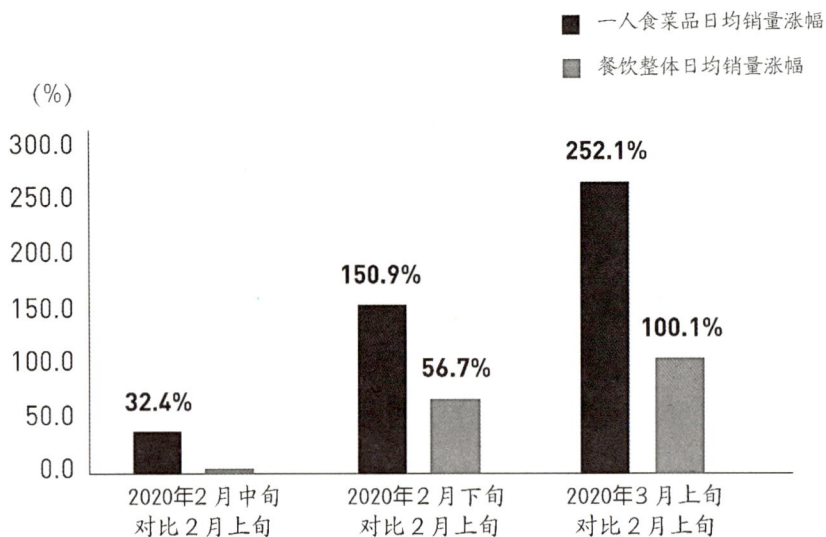

■ 一人食菜品日均销量涨幅
▨ 餐饮整体日均销量涨幅

疫情期间"一人食"日均销量明显上涨

资料来源：美团餐饮学院。

单身群体巨大的消费活力首先投射在食品餐饮行业，早在 2018 年一人食的就餐比例就已经达到了 26.3%[①]。2020 年受疫情影响，再叠加分餐制的推行，一人食日益成为年轻人青睐的消费方式。美团数据显示，疫情防探期间"一人食"日均销量上涨明显，3 月上旬日均销量比 2 月上旬上涨了252.1%，比餐饮行业整体日均销量同期的涨幅高 152%。值得一提的是，一人食、小份菜等餐饮新形态不仅提供了"舌尖上的美味"，满足疫情防探期间单独就餐的需求，同时还避免了"舌尖上的浪费"，对节约粮食、遏制餐饮浪费也起到了积极作用。

饮食刚需之外，外形时尚、身材小巧的"一人份"产品，也成为众多单身人士的"心头好"。以居家必备的家电消费为例，中国电子信息产业发展研究院《2020 年第一季度》数据显示，2020 年一季度，我国家电市场零售规模达

[①] 2019 年 8 月 29 日，《2019 中国餐饮大数据白皮书》正式发布，链接：https://baijiahao. baidu.com/s?id=1643714064368879760&wfr=spider&for=pc。

1204 亿元，同比下降 35.8%，而细分功能小家电则稳步增长，厨房小家电销量快速提升，在全行业不景气的情况下实现了逆势上扬。①2020 年"双 11"期间，苏宁上的小家电产品销售同比增长 149%，其中美的皮卡丘电炖锅、小熊早餐机等"萌系"小家电销量激增，单人电饭煲销量同比提升高达 312%。②

不仅如此，单身人群更加注重休闲娱乐和生活体验，更乐于将时间和金钱投入到悦己与休闲的消费体验中去。尼尔森《中国单身经济报告》数据显示，42%的单身消费者为悦己而消费，高于非单身者消费者 27%的占比。③事实上，近年来蓬勃发展的宠物饲养、运动健身、电子游戏等众多行业都从单身经济中受益。

以宠物行业为例，对于很多单身人群而言，宠物就像可以抚平灵魂划痕的"毛绒创可贴"，是日常生活中的温暖陪伴。美团数据显示，2020 年线下宠物订单同比增长了 51.8%，而线上宠物订单同比增长了 7.7 倍，"宠物洗澡""宠物美容"等搜索量也有显著提升。同时，饲养宠物带有一定的社交属性，人们在社交应用上晒出宠物的萌照或短视频，并与万千用户形成日常互动与情感连接，他们也就找到了与世界对话的方式，"撸猫"④"撸狗"⑤"猫奴"⑥"铲屎官"⑦ 等网红词汇也开始出现并广为流传。

---

① 2020 年 4 月 27 日，中国电子信息产业发展研究院发布《2020 年第一季度中国家电市场报告》，链接：http://www.cena.com.cn/special/2020dyjdjdsc.html。

② 2020 年 11 月 2 日，苏宁易购发布 11 月 1 日消费大数据，链接：https://finance.sina.com.cn/tech/2020-11-09/doc-iiznezxs0756524.shtml。

③ 2020 年 5 月 19 日，全球化监测和数据分析公司尼尔森在北京发布《中国单身经济报告》，链接：https://baijiahao.baidu.com/s?id=1667209277698102577&wfr=spider&for=pc。

④ 网络流行词，指对猫进行爱抚的行为，是现代人热衷的爱好之一。人们用抚摸体现对猫咪的喜爱，尤其是在自己忙碌一天休息的时候撸猫解乏，似乎已经成为最理想的生活状态之一。

⑤ 网络流行词，指对狗进行爱抚的行为，同撸猫一样，是当代年轻人热爱的生活方式之一。

⑥ 网络流行词，指的是喜欢猫咪，并将猫咪封为"主子"的人。猫奴并不是一个贬义词，猫奴也并不是真的是猫咪的奴隶。从某种意义上来说，它代表的是一种生活态度。

⑦ 网络流行语，意指给猫、狗铲屎的人类，多用来指养猫、养狗者。他们将自己比作铲屎官，以表诙谐幽默气氛，是他们自娱自乐的一种方式。

不难发现，随着我国经济社会发展，消费升级正在各类别城市、各年龄段中悄然发生，对"银发族"而言是跨越数字鸿沟、拥抱数字生活，对年轻人而言则是追求更精致的生活体验。而无论是银发经济还是单身经济，都已经成为丰富消费市场、扩大国内需求的有力助推，对整体经济的赋能属性进一步增强。

习近平总书记强调："我国有 14 亿人口，人均国内生产总值已经突破 1 万美元，是全球最大最有潜力的消费市场。居民消费优化升级，同现代科技和生产方式相结合，蕴含着巨大增长空间。"[①] 顺应消费升级趋势，把超大规模市场优势和消费潜力充分激发出来，是构建双循环新发展格局的必然要求。站在这个角度予以优化服务供给，顺应银发族与单身群体日益扩大的消费需求，是改善消费结构的应有之义，也意味着开辟愈加多元、垂直分化的消费空间。随着发展型消费日益成为新的刚性需求，其背后对应的将不仅是"量"的增长，更有"质"的提升，对于促进我国经济内循环体系、形成良好生态意义深远。

> **延伸阅读**
>
> **老人学会手机闪购："还别说线上买药真的很方便！"**
>
> 2020 年的春节，突如其来的新冠肺炎疫情，让全国近 4 亿慢性病患者面临了"大危机"。疫情防控期间，医院存在交叉感染新冠肺炎的风险，于是让很多慢性病患者群体的复诊、买药成为一大难题。有些慢性病患者一旦断药，病情就可能面临继续恶化，甚至危及生命。
>
> 重庆的余先生是一位有着近四年病龄的高血压患者，他日常保

---

① 引自习近平总书记 2020 年 4 月 10 日在中央财经委员会第七次会议上的讲话《国家中长期经济社会发展战略若干重大问题》。

持生活规律，定期到家附近的医院复诊拿药，按时吃药，除了偶尔发脾气容易不适一阵儿，一直与疾病相安无事。余先生说："我用的降压药很常见，一般抽 2 个小时空，就能到家附近的医院把药开好，不算排队整个复诊拿药的过程也就 20 分钟。"

可疫情暴发后，余先生的小区开始封闭式管理，平时常去的医院也因为疫情影响而停诊。而此时，他 2 个月前去开的药已经快吃完了。无奈之下，余先生托人去别处的药店寻药，却被告知：他所用的药必须凭借医生处方才可购买，或者直接在网上买。"像我们这样的慢性病患者，都是中老年人居多，哪会用什么手机买东西？"医院没法去，药店买不了，眼瞅着自己的药盒快见底，可愁坏了余先生。

还好有因为疫情从大学回家的孙子在，孙子了解到美团外卖联合了多家知名连锁药房和互联网医院推出了慢性病处方药在线复诊服务，先是帮余先生下载好了美团 APP，然后手把手教会了余先生如何线上复诊、下单买药，帮余先生解决了一个大难题。

如今疫情虽已减退，但余先生已经习惯了用手机买药。除此之外，他还学会了用手机买菜，偶尔还"改善"下伙食，尝试尝试年轻人爱吃的快餐类外卖。余先生说："还真别说，这用手机美团下单真是又快又方便，我现在都熟练到基本上 5 分钟就能完成选购，然后差不多 30 分钟就能把我要的送到家啦。"[1]

---

[1] 《疫情下的互联网药店：无接触"送药上门"解决重庆市民购药难题》，中国网，2020 年 3 月 10 日。

宅生活也有诗与远方
即时幸福成为消费新目标

"枯藤老树昏鸦，空调 Wi-Fi 西瓜，葛优同款沙发，夕阳西下，我就搁那一趴。"曾经网络疯传的段子，在 2020 年疫情影响下"梦幻"般照进现实。全体国民响应号召自发居家隔离，有效阻断了病毒传播链路，同时也引发了生活方式的全新变化，云健身、云蹦迪、云旅游、云看展等云端娱乐方式风靡开来，宅生活也能追寻云上的诗与远方。

宅家生活少不了美食的陪伴，云端厨艺大比拼为宅生活增添了许多精彩。郑先生来自万里长江第一城宜宾，大学毕业后留在北京从事 IT 工作，从小耳濡目染川菜灵魂的他做得一手好菜，不过平时工作繁忙，鲜有机会静下心来展示厨艺。防疫期间，郑先生从网上采购了新鲜食材，把夫妻肺片、毛血旺、麻婆豆腐、宫保鸡丁等拿手的菜品做了个遍，更新在社交媒体的美食图片引来了同事和朋友的围观点赞，一改大家心中 IT 男的形象。

自制凉皮、炸汤圆、电饭煲蛋糕、馒头披萨……越来越多的国人通过社交媒体记录并分享"宅技能"，展现积极的生活态度。而每一份菜单食谱背后，都是一次满足胃口的尝试，折射出人们即使宅在家里也要吃得健康营养的真实需求。这也直接推动了生鲜订单量迅速增长，美团《2020 春节宅经济大数据》显示，2020 年春节期间酵母销量增长近 40 倍，葱、姜、蒜售出了 393 万份，酱油、醋、十三香等总体销量增长了 8 倍多，香菜销量接近百万份。

生活需要烟火，也渴望色彩。人们宅在家里也不忘追求精神的愉悦和满足，云端休闲娱乐顺势崛起。疫情防控期间，无法在线下如期举办的音乐节、演唱会在线上生长，"云蹦迪""云喝酒""云相声"等全新娱乐方式被正式打开，把"宅在家"的无聊变成了有趣。2020年2月4日到8日，B站联合摩登天空发起"宅草莓不是音乐节"直播项目，新裤子乐队、曾轶可等70多个乐队和歌手参与其中，播出后同时在线人数最高达到27万以上。2020年2月14日，淘宝直播邀请面孔乐队、许飞、阿杜、宝石GEM等音乐人举办的"不见面音乐会"，长达5小时的直播吸引了390万用户在线观看，数百万人的云端同欢极大地减轻了疫情带来的心理压力。

不仅如此，一站"云游"艺术海洋的梦想也成为现实。2020年2月20日，抖音推出在家云游博物馆活动，用户可以通过直播、视频的形式在家云游全国著名博物馆的精品馆藏，包括中国国家博物馆、敦煌研究院、南京博物院、湖南省博物馆、浙江省博物馆等国内一流博物馆珍藏的音视频、VR实景接入抖音，供广大用户在线浏览，就像一本视频版的"博物馆百科全书"，不仅好看，还能长知识。

疫情也进一步提升了社会大众的健康意识，健身关注度空前高涨，宅家运动成为家居生活新常态。2020年"3·15晚会"披露的数据显示，我国上半年运动器械销量大幅上升，筋膜枪销量增长20倍，划船机增长135%，瑜伽用品增长53%，总体健身装备成交额增长69%，越来越多的专业健身用具开始走进寻常家庭，居家健身成为新的时尚生活方式。

不仅如此，云医疗、云上课、云办公、云旅游等需求也在疫情防控期间激增，这些生活学习休闲的场景从线下走上云端，是疫情防控背景下的非常之策、更是创新之举。一方面，用户通过这些云端服务更加清晰地感受到网络创新的便利、技术变革的红利；另一方面，用户也更好地满足了宅家生活期间的就医、学习等特殊需求。以云医疗为例，疫情暴发后，医疗资源承压，患者广泛应用互联网诊疗服务，成为缓解线下诊疗压力、减少人员集聚、降低交叉感染的有效手段。疫情防控期间，腾讯联合微医、好大夫在线、企鹅杏仁、医联、丁香医生，针对新冠肺炎疫情，提供免费在线义诊服务。百度健康也曾开放面向全国乃至全球用户的在线义诊服务，累计服务用户超 1 亿人次，单日问诊量超过了 85 万。

各种各样精彩的"宅生活"背后，是欣欣向荣的"宅经济"。国家统计局数据显示，2020 年全国网上零售额比 2019 年增长 10.9%。其中，实物商品网上零售额占社会消费品零售总额的比重为 24.9%。在实物商品网上零售额中，吃类和用类商品零售额增速较快，分别增长了 30.6% 和 16.2%。透视数据，宅经济在疫情防控期间展现出强大的活力，带动了线上消费模式的快速发展，也支撑了居民消费升级的趋势。进入 2021 年后，宅经济塑造的消费新形态进一步推动了消费市场持续提质扩容，为我国加快构建双循环的新发展格局注入磅礴能量。

需要指出的是，宅生活及其背后的宅经济在 2020 年的发展带有鲜明的疫情烙印，居家防疫带来的物理隔离成为宅经济崛起的一个重要因素。随着疫情防控常态化，人们纷纷走出家门，各类公共场合复工复产的有序推进使得"场生活"[①] 及"场经济"[②] 再度鲜活起来。但疫情的影响仍在，人们基于场景的消费也呈现出新的特征：从消费心理来说，人们更加珍视当前的生活，更愿意为即时幸福感买单；从地域远近来说，大众仍主动避免远途出行与人群聚集，就近消费成为主流选择。

"撸鸭馆"[③] 的走红是这一消费趋势的生动写照。柯尔鸭是新晋网红萌宠，以互动、合影为主的"撸鸭馆""鸭咖"在短时间内开遍全国，几乎每开一家都立即成为当地的网红店。位于北京三里屯的喜鸭是北京最早的"撸鸭馆"，梁安琪是一名地道的"撸鸭"爱好者，她一有空就会去喜鸭看柯尔鸭，用手摸摸鸭子的肚子、看着它们乖乖不动的样子，让她觉得非常治愈。

如今，"吸猫""撸狗"已不再新鲜，更多类似"撸鸭馆"的同城萌宠体验馆如雨后春笋般冒出来，它们云端圈粉线下体验，吸引了众多"90 后""00

---

① 场生活：需要在固定的场所进行的日常活动。

② 场经济：需要到固定的场所才能完成的经济活动，例如赶集、到店餐饮等。

③ 撸鸭馆：以互动、合影为主的萌宠体验馆，鸭是指柯尔鸭，是一种备受欢迎的宠物小鸭子。

撸鸭馆

后"甚至更年轻的"后浪"。《2020 快手宠物生态报告》显示，萌宠短视频单日最高播放量达 7 亿，每 5.4 秒就有一场宠物直播。① 宠物体验馆将"云吸宠"搬到线下，吸引消费者来店里打卡体验，消费者通过抚摸这些毛绒绒、温暖的宠物，能够获得情感的支持与幸福感的提升，对于释放压力、缓解紧张具有积极作用。

线下撸宠之外，利用周末时间到城市周边去看风景、品美食或休闲是就近消费的又一热门形式，本地人游本地、城市周边游等成为出游的关键词。同程旅行发布的《2020 暑期居民出游趋势报告》显示，从全国主要旅游景区暑期的客流量变化来看，几乎每个双休日都是景区的客流高峰。从具体数据来看，每周的周边游客流中，周六和周日分别占比 22.5% 和 23.2%，基本

① 2020 年 8 月 18 日，快手大数据研究院发布《2020 快手宠物生态报告》，系快手首次系统盘点平台宠物生态的发展情况，链接：http://www.xinhuanet.com/tech/2020-08/18/c_1126382801.htm。

相当于工作日客流水平的两倍。①

家住杭州的张女士一家，就趁着周末，带孩子把杭州上天竺、西溪湿地、灵隐寺、云栖竹径、万松书院几个景区游玩了一个遍，最远也只去了距离杭州两小时车程的莫干山。除了周末，2020 年的端午、"五一"等时间较为充裕的假期，本地游、周边游也是居民出游的首选。美团《2020 年端午节旅游消费复苏报告》印证了这一趋势，数据表明，本地游与周边游是国人 2020 端午小长假出游的主流选择，美团门票订单的本地消费者占比达 56.7%，而住宿订单中，本市订单占比增长 23.0%，本省订单占比增长 17.1%。

随着疫情防控持续向好，周边游渐渐不能完全满足出游的获得感，人们将目光投向了一些"小而精"的旅游产品，这些小众旅游线路凭借定制化、精品化的特征圈粉无数，备受追求高品质人群的青睐。究其原因，一方面，疫情防控常态化背景下，选择小众旅行目的地能有效避免人群聚集；另一方面，小众旅行往往能更深入地体验到当地的生活文化和人文精神的独特魅力。

例如，2020 年 5 月前后，青海省的多个小众旅游目的地突然火爆，茫崖翡翠湖、"恶魔之眼"艾肯泉、"内陆马尔代夫"东台吉乃尔湖、俄博梁火星营地等在短视频应用刷屏，吸引了大量游客前往游玩。北京市民齐辉就通过线下门店预订了一个私家团，带着父母和孩子一同去青海游玩了一趟，这支加上导游一共 6 人的小型团深度体验了当地的风土人情，永恒开阔的连绵山脉、清澈如镜的高原湖泊不仅带给齐辉一家极致的视觉冲击，也加深了出游的幸福感。

云端消费激活宅经济、就近消费增强幸福感、小众消费提升生活品质，透过这些消费热点和消费趋势，窥见的是国民消费范围的延伸和消费结构的

---

① 2020 年 7 月 15 日，同程旅行发布《2020 暑期居民出游趋势报告》，链接：https://baijia-hao.baidu.com/s?id=1674982754213777558&wfr=spider&for=pc。

东台吉乃尔湖

升级，更是国民对美好生活向往的直观呈现。正是这些不断涌动更迭的新趋势，不仅为经济发展增添了动力，也让全面小康的壮阔画卷变得更加缤纷多彩。

延伸
阅读

有人撸猫撸狗，"90后"的她却对"撸鸭"情有独钟

疫情防控期间，大部分线下体验馆或多或少都受到影响，萌宠体验领域的"撸鸭馆"却逆势火爆。一种原产于荷兰、19世纪被英国引进的"柯尔鸭"（Call duck），一举成为宠物界的新晋网红，部分线下"撸鸭馆"需要提前预约，甚至现场排队两小时还要限制逗留时间才能亲手"摸一摸"。

来自河南平顶山的"90后""沪漂"女孩孙晓晓自称是柯尔鸭

的"迷妹"，每晚的睡前仪式是在短视频 APP 上搜索柯尔鸭的视频。"我在广告公司上班，每当压力大的时候就会看看柯尔鸭的视频。它们的羽毛嫩黄嫩黄的，走起路来像一团摇摇摆摆的奶油，可爱极了，看到它们的一瞬间感觉所有烦恼都被治愈了。"

平日里孙晓晓一得空也会打卡上海各家的"撸鸭馆"，抱着小鸭子们拍几张照。对于"撸鸭馆"的选择，孙晓晓有自己的心得。"有经验的店铺为了减少异味，会给小动物穿上纸尿裤，并且会时刻关注卫生，及时清理沾染了动物排泄物的物品。店员能不能引导顾客和动物的互动也很重要，有时候动物们都聚在一起，店员需要站出来及时干预，让顾客有更好的体验。当然，如果还能帮顾客拍出好看的照片，就再好不过了。"

孙晓晓表示，自己不会亲自养一只柯尔鸭。"虽然我很喜欢柯尔鸭，但平常工作忙，没时间，而且饲养还要考虑处理排泄物，有点麻烦。"她觉得，现在"撸鸭馆"日益火爆，有空就去逛一逛，同样能体会到养柯尔鸭的快乐和满足。

2021 年孙晓晓刚好 30 岁，除了工作，情感也是逃不开的话题。"日常肯定还是会有情感上的需求，觉得孤独的时候，就来撸鸭馆，柔弱的鸭子会让人产生保护欲望，摸上去也特别舒服，这不也是满足情感需求的一种方式吗？"

延伸
阅读

疫情出游不便，门头沟一日游也能陪孩子快乐

"80 后"张妈妈是一家房地产公司的资深 HR，家住北京门头沟的她，上班却在朝阳区，平日通勤就得花费近 2 小时，周末还总是加班，很少有时间陪伴孩子。2020 年国庆假期原本想带孩子去桂林玩，但由于疫情影响，最终还是选择了北京周边游。

　　"在北京生活了这么多年，有假期总是喜欢去外地玩。现在没地方去，才发现家门口就有这么多又美又好玩的地方。"假期第一天，张妈妈一家从沿河古城出发，进入幽州大峡谷，接着穿过挂壁公路，来到旧庄窝村，后来经过官厅水库，进入天下粮仓景观带，最后驶向目的地天漠旅游区。为期两天的旅程既轻松又愉快，让全家人对周边游的印象大为改观。之后几天，张妈妈又带着孩子去了顺义原始森林、大兴野生动物园，好好陪孩子享受了一次自然的风光。

　　这次国庆北京周边游的经历让张妈妈赞不绝口，"以前假期去外省玩，至少要提前半个月规划，住宿、交通、景点样样都要考虑周全，有时候还要向公司请假。周边游的好处就是说走就走，不用提前考虑买机票或者高铁票，而且更卫生、更安全。这次我们短短两天就看到了古城、挂壁公路、水库，还有沙漠，既有现代元素，又有文化底蕴，吃的、玩的一应俱全，孩子开心得不得了。去动物园那次更是当天来回，方便极了。"

　　"之后的小长假还是会首选周边游，"张妈妈表示，"清明假期我已经跟孩子商量好了，要去延庆的松山自然保护区看看。"

线上预约线下消费
小镇青年藏着大潜力

预约挂号、预约门票、预约理发、预约买口罩……疫情防控期间，原本只在特定场合下出现的预约方式渐嵌入日常生活，线上预约线下消费的"预生活"成为老百姓生活的一种新常态。

"我提前3天在网上预约，来了之后发现人不多。跟之前几次来相比，体验感更好。"2020年8月，四川成都市民张贤辉带着家人到川西海螺沟游玩，他认为"带着家人远眺冰川与云海，品美食赏美景听藏歌，这样的游玩特别舒心"。疫情防控背景下，越来越多的游客像张金辉一样选择线上预约、线下游玩的出游方式，提高效率的同时也避免了游客扎堆的交叉感染风险，极大地提升了出游体验。2020年4月29日晚间，闭门谢客97天的故宫博物院恢复开放在即，通过门票预约系统预售"五一"小长假门票，2.5万张门票不到12小时即告售罄。江西赣州的王女士是参与故宫预约购票的一员，

故宫门票预约系统

"五一"游玩故宫后，她认为预约带来的愉悦感是空前的，"牡丹花开了，前边看看建筑，后面赏赏花园，往各院落里走一走，平时错过的风景可以一一细品，体验非常好"。

习近平总书记也曾点赞"预约旅游"。2020 年 3 月 31 日，习近平总书记前往杭州城市大脑运营指挥中心时，强调了预约旅游的重要性。总书记说，今天我到西溪湿地去了，那里是预约。预约旅游，现在一律要求在定额的 30%，我觉得这些还都是需要的，这也是一个国家治理水平的表现。① 在总书记的指导下，"无预约、不旅游"也成为贯穿 2020 全年的一项基本政策，成为景区加强管理、提升游客体验的重要着力点。文化和旅游部数据显示，截至 2020 年 9 月，除了部分开放式免票景区外，全国 280 家 5A 级旅游景区中已有 264 家景区建立实施了分时预约制度，占 5A 级景区总量的 94% 左右。

宏观政策的引导加上景区预约举措的持续推进，也进一步强化了国民预约旅游的意识。美团数据显示，2020 年国庆节期间使用美团门票预约旅行的订单量与 2019 年同期相比增长 61.4%，提前两天以上进行门票预约的游客同比 2019 年提升了八成以上。中国互联网络信息中心第 47 次《中国互联网络发展状况统计报告》进一步证明，截至 2020 年 12 月，我国在线旅行预订用户规模达到了 3.42 亿，较 2020 年 6 月提升 5596 万，占网民整体比例则高达 34.6%。也就是说，平均每 3 个网民中就有 1 个人采用预约旅游形式出游。

除了预约旅游，预约方式还渗透进日常生活的方方面面，让人们的工作和生活更有秩序、效率更高，同时也极大改善了社会大众在很多方面的体验，提升了获得感与幸福感。去医院看病也是如此，有了"预约制"以后，按照自己预约的时间候诊即可，不仅有利于医院医疗秩序的维护，也节省了

---

① 《习近平考察杭州城市大脑运营指挥中心时强调：新冠肺炎疫情防控还不能够麻痹》，《人民日报》2020 年 4 月 1 日。

患者时间。

天津武清区的朱女士对此深有体会，以前身体不适去医院就医，想要挂个专家号可谓困难重重，得起大早、排长队，还随时面临被插队、号放完等窘境。随着各大医院逐渐推行预约挂号制，朱女士彻底告别了挂号难题，在医院官网或微信、支付宝等应用的服务号上，都可以轻松挂到专家号，还能随时看到余号数量。预约挂号制下，就医也变得愈加便捷，预约成功后系统会告知用户的就诊顺序及建议候诊时间。现在，朱女士只需按照预约时间带上身份证和手机即可轻松候诊。

需要指出的是，"预生活"的本质并不仅仅是疫情下的应急之策，其背后有居民消费升级、技术驱动等更为深层因素的驱动。以预约旅游为例，除了疫情防控的影响，当旅游市场发展到一定程度之后，随着游客的消费理念从盲目游玩升级到理性观赏、从走马观花式的出游向深度体验拓展，旅游的计划性越来越强，在网络技术的加持下，预约旅游成为新常态便在情理之中。

"预生活"之外，这种由消费理念与技术革命深度驱动的消费变化，正在更为宽广的地域和更为广泛的人群中呈现出来，"小镇青年"的崛起便是其中的典型代表，这一来自三四线城市、县城和农村的庞大群体，正日益成长为新的消费生力军。

一方面，小镇青年依托网络普及与硬件革新开启新的消费途径。随着互联网在我国的快速普及，以及移动技术的不断发展，为小镇青年提供了连接外界的工具，让他们从信息闭塞的时代一跃同时代前沿接轨，即使身处小镇也能轻松实现网购、点外卖、海淘等新消费方式，拥有了更为多元的消费途径。直播带货、外卖、生鲜电商等领域纷纷布局下沉市场，便是将小镇青年群体视为寻找增量的重要方向。

石家庄宋曹镇的刘女士每天都会喝一杯安化黑茶清肺养生，她的黑茶是通过社区电商应用下单买到的。不仅能采买米面粮油等必需品，还可以选购汤圆、肉馅、砂糖橘等丰富的"年味"商品。村民只要用手机下单预订，第二天就可以到村内自提点提取订购的生活物资。对于当地的很多村民来说，通过手机从社区团购 APP 下单，已经成为消费的新习惯。

另一方面，小镇青年的消费逐步由同质化、低端化向多元化、个性化跃升，他们不再满足于基本的物质需求，转向追求精神与心灵的享受，呈现出蓬勃的消费活力与热情。在这样的趋势下，网络视频、音乐等早已是小镇青年的生活标配，唱 K、看电影等休闲娱乐也不再是"奢侈"的体验，品质消费如定制旅游、时尚穿搭、精致美妆等产品也成为小镇青年购物车中的"常客"。

以电影消费为例，支付宝发布的《双 11 支付宝"吃喝玩乐"搜索报告》数据显示，2020 年"双 11"期间，"95 后"小镇青年文化消费动力强劲，衡阳、镇江、九江等地区的文艺青年们表现出高涨的观影热情，电影搜索增幅稳居前三甲。数据同时显示，三线城市电影消费需求旺盛，有望成为我国电影票房新的增长点。[1]2021 年春节期间，中国电影市场迎来"史上最牛春节档"，创造了超 78 亿元的全新票房纪录。猫眼《2021 春节档数据洞察》显示，三线城市观影人次占比 20.4%，四线城市观影人次占比达到 34.9%，三四线城市观影人次总占比 55.3%，已经成为中国电影市场的票房主力。

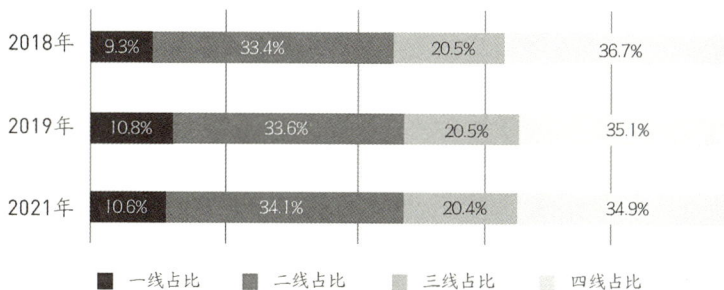

	一线占比	二线占比	三线占比	四线占比
2018年	9.3%	33.4%	20.5%	36.7%
2019年	10.8%	33.6%	20.5%	35.1%
2021年	10.6%	34.1%	20.4%	34.9%

2021 春节档各线城市观影人次占比

资料来源：猫眼研究院。

---

[1]　2020 年 11 月 2 日，支付宝发布《双 11 支付宝"吃喝玩乐"搜索报告》，链接：http://m.xinhuanet.com/hn/2020-11/04/c_1126695417.htm。

疫情防控期间，以小镇青年为代表的下沉市场的消费也给旅游业带来了一抹亮色和新鲜活力。去哪儿网数据显示，2020 年其新客增量与上年持平，其中，25 岁以下新客用户占比达 40%，近一半新用户是来自三线及以下城市。① 同程艺龙第三季度财报也显示，截至 2020 年 9 月 30 日，同程艺龙居住在中国非一线城市的注册用户约占总注册用户的 86.1%。2020 年三季度，同程艺龙在微信上的新增付费用户中约 67.2% 来自中国三线或以下城市，而酒店间夜量在低线城市同比增长近 30%，远超整体 15% 的增速。②

摩根士丹利中国首席经济学家邢自强表示，小镇青年会成为今后 10 年消费市场的主力军，预计到 2030 年，中国三四线城市居民消费将达到 45 万亿元人民币，特别是京津冀、长三角、长江中游、粤港澳大湾区、成渝地区的三四线城市，将起到持续引领消费市场的作用。

延伸阅读

河北疫情突发，社区电商成为村里 4000 多人的生活保障

"80 后"郭丹是石家庄市晋州市小樵镇东曹村的一个个体户，经营着一家已经开了 20 多年的惠农超市，同时他也是美团优选的团长，在自家超市里腾出货架作为专门的自提点，为店里增加一些蔬菜、水果等生鲜品类。

2021 年 1 月 7 日晚上，郭丹从村委会提前知道了封村的消息。郭丹心里有些慌张，没想到疫情居然这么严重，不过，"整个东曹村加上我一共有 8 家超市，这些库存大概足够村里 4000 多人的吃喝，我也就没有太多的担忧。"

第二天，封村的消息传遍全村，好多人组团来超市里买米面粮

---

① 2020 年 12 月 2 日，携程集团公布的截至 2020 年 9 月 30 日第三季度未经审计的财务业绩。
② 2020 年 11 月 23 日，同程艺龙公布的截至 2020 年 9 月 30 日第三季度财务报告。

油，库存的 1000 多斤面粉一天全卖空，另一家超市也差不多。即便郭丹向大家再三强调不会断粮断面，但大家焦虑的心情还是难以掩藏。"平时买 10 斤一袋面粉的人，现在挑 50 斤一袋的面粉往家搬。"郭丹说。

同时"爆掉"的还有郭丹的手机消息，美团优选上不断有新订单敲进来。慌乱的局面让郭丹的心悬了起来，"封村后，订单量是往常的两倍还要多，眼下货车和快递一概不让进，美团优选还能把货送进来吗？"直到临近中午，美团优选的货车终于抵达到超市门口，郭丹这才真正松了口气。

从这天开始，这辆厢式货车几乎成为唯一能进出村子的生活供给线，每天满载着村里人的订单送到郭丹的小超市里，给全村人的日常生活提供保障。郭丹表示："我非常庆幸当初选择成为美团优选的团长，没想到当时的一念之差，让我成为疫情期间全村人的'英雄'。自从封村之后，我的微信群加满了，已经开了第二个群，辐射全村 600 多个人，订单量涨了 60%，每天从早忙到晚，连我妻子都加进来帮我当客服接单。"

回想起 2020 年 12 月刚刚开始尝试做美团优选的时候，郭丹说到："群里不少人质疑网购的蔬菜水果是否新鲜，而且大家都不知道怎么网上下单，为数不多的订单也都是年轻人下的。但多亏这些年轻人，在封村后给各家老人推荐，订单销量一下子上来了，之前美团优选出了一款很好吃的橘子，一天就卖出了 20 多筐。"

针对社区电商和超市生意之间的竞争，郭丹也给出了自己的见解。"社区电商的积极作用几乎是压倒性的，现在超市的客流量比之前也有了很大提升，大家到超市来提货的时候，总会顺便从超市买点副食。来逛超市的人，看到送来的一箱箱水果和蔬菜码放得既整齐又新鲜，也都会问我这么新鲜的菜哪来的、怎么卖。"

经过这次封村，郭丹对美团优选团长的工作有了新的理解。他说，之前做美团优选就是增加挣钱的渠道，"现在它和惠农超市一样，是我的事业，能给全村人提供稳定优质又新鲜便宜的产品，成了我每天工作的动力和骄傲。"

■ 专家观点

发展服务消费　助力构建新发展格局

王一鸣

中国国际经济交流中心副理事长、十三届全国政协经济委员会委员

> 消费是潜力最大的内需，服务消费是扩大消费的新引擎。伴随
> 居民收入增长和中等收入群体规模的扩大，我国消费结构加快升
> 级，居民消费服务化趋势加快发展，成为推动经济高质量发展的重
> 要动力。"十四五"时期，顺应消费结构升级新趋势，发展服务消
> 费，推进服务消费数字化转型，鼓励服务消费新模式新业态发展，
> 促进服务消费扩容提质，对构建新发展格局将起到十分重要的推动
> 作用。

一、服务消费是释放消费潜力的重要力量

消费是潜力最大的内需，也是我国经济增长的主要引擎。我国有 14 多亿人口，城镇人口超过欧洲总人口，中等收入群体超过美国总人口，是全球最大和最有潜力的消费市场之一。随着居民收入水平提高，居民消费结构加快升级，消费需求蕴含着巨大的增长空间。2014—2019 年，我国最终消费支出占国内生产总值的比重稳中有升，对经济增长贡献率稳定在 55% 以上，成为经济增长的第一动力。2020 年受新冠肺炎疫情影响，最终消费支出占国内生产总值的比重仍达到 54.3%，高于资本形成总额 11.2 个百分点，消

费是经济稳定运行的压舱石。

在国民经济循环中，消费是终点也是新起点，是加快释放内需潜力、增强经济发展动力的主要着力点，也是促进国内国际双循环的重要抓手。近年来，我国消费增速从 2015 年前的两位数逐步回落，2019 年社会消费品零售总额增长 8%。2020 年受新冠肺炎疫情冲击，社会消费品零售总额下降 3.9%。全面促进消费，推动消费回升，增强消费对经济发展的基础性作用，不仅是加快经济稳定复苏的重要途径，也是推动构建新发展格局的内在要求。

服务消费是扩大消费的新引擎。近年来，随着恩格尔系数下降，居民消费结构服务化趋势加快发展，通信服务、大众餐饮、文化娱乐、休闲旅游、教育培训、健康养生等正在成为消费新热点。2019 年我国人均服务消费支出接近 1 万元，占居民人均消费支出的比重达到 45.9%，消费结构加快从实物消费主导向服务消费主导转换。从国际经验看，主要发达国家服务消费占最终消费的比重平均达到 74%。我国人均国内生产总值已连续两年超过 1 万美元，服务消费占比提升将是大势所趋。

与西方发达国家服务消费发展所处的阶段不同，我国服务消费加快发展正处在新一轮科技革命和产业变革深入发展时期，处在全面建成小康社会基础上居民追求高品质生活时期，处在人口结构变化和消费主体加快年轻化时期，呈现一系列新特征。

第一，服务消费发展与数字经济迅速崛起交汇，呈现加快数字化转型趋势。大数据、5G、人工智能等新一代数字技术向服务消费领域迅速渗透，加速服务业线上线下融合，延伸服务消费场景，改善服务消费体验，推动服务消费变革，促进服务供给更有效与服务消费需求匹配，为服务消费新业态、新模式发展提供强劲动力。

第二，服务消费发展与居民追求高品质生活交汇，呈现加快升级趋势。居民对服务质量和品质的需求日益提升，推动服务消费从注重量的满足向追求质的提升加快转变。如在旅游业中，2020 年国庆假期四星级、五星级酒店订单量占比均有所提升 ①，游客高端消费的意愿和能力进一步增强。

第三，服务消费发展与人口年龄结构变化交汇，呈现消费主体年轻化趋势。服务消费的特征很大程度上取决于消费群体的特质。伴随着消费群体的年轻化，"90 后""00 后"为主体的新一代消费群体，追求时尚和品牌，乐于尝试新鲜事物，个性化消费加快兴起，促进服务消费细分和多元化消费市场发展。

总之，我国服务消费转型升级的新趋势，推动服务市场焕发出新的生机与活力，促进服务消费的模式创新与供给的迭代升级。

二、服务消费数字化转型推动服务消费变革

服务消费数字化转型对释放消费潜力具有重要意义。数字化解决了供需信息不对称问题。供需两端通过互联网平台实现供需信息快捷搜索和撮合，使巨大的消费潜能释放出来。数字化实现了供需时空匹配。数字技术引导不同人群错峰和错时消费，大幅提升了服务能力和服务效率。数字化更好满足了客户需求。通过将原材料供应商、中间服务提供商与最终销售网络连接起来，为客户提供更多定制化服务，进一步提升客户满意度。

我国服务消费数字化转型的重要特征之一，就是前端消费互联网带动后端产业互联网发展。今后一个时期，随着疫情得到有效控制和经济恢复常态，线下服务将逐步恢复发展，线上服务的新业态、新模式将延续强劲增长势头，推动服务消费数字化转型加快发展。一方面，服务消费数字化转型的重心将从需求端向供给端传导，推动供给端加快数字化转型。另一方面，服务消费数字化从单点突破向全链条扩散覆盖，孕育新的商业模式。比如，伴随无人机配送、北斗导航、5G 云端智能机器人等技术的发展，零售环节包括生鲜食品等将实现即时点对点的供给，电商直供、无人零售等新业态将有

---

① 美团研究院：《2020 年中秋国庆假期旅游预测报告》。

更大发展空间。再如，对物料供给的整合力度加大，无缝对接趋势加快，供应链智能化水平不断提升，将带动供应体系的协同效率大幅提升。

服务消费数字化转型的重心将从需求端转向供给端。服务消费数字化转型路径与我国数字经济发展基本一致，即数字化转型从需求端向供给端传导，重心从消费互联网向产业互联网转移。随着用户对质量、效率等服务体验要求的提升，需求端数字化将倒逼供给端加快数字化转型进程。与此同时，随着数字技术应用成本降低、第三方服务供给主体的增加以及更多成功案例的出现，供给端主动推进数字化转型的意愿将不断增强。如果说，过去一个时期，我国消费互联网迅速崛起，形成了一批在全球位居前列的平台企业，可以预期，今后一个时期供给端的产业互联网发展，也将孕育一批大型平台企业。

服务消费数字化转型的路径将从单点突破向全产业链渗透。服务消费数字化转型正在突破单一环节的定点优化，通过全产业链赋能实现价值创造。在企业层面，网络与数字技术正在从客户引流、在线订单、售后服务等前端环节，向供应链管理、人员管理、运营决策等后端环节渗透，通过打通前后端数据增强联动效应，推动企业管理效能提升。在行业层面，网络与数字技术正沿着产业链向上下游相关行业延伸，推动企业在物料采购、物流、加工、零售、配送和融资服务等业务流程全链条的数字化，通过数据整合实现资源配置效率提升，形成服务消费数字化生态。以餐饮行业为例，智慧餐厅的建设，进一步推动智慧农业实现农产品溯源（原材料）、智慧物流提升资源配置效率（采购）、金融科技提升中小企业获取资金（融资）的便捷性等，使全链条数字化转型加快进程，进一步推动服务消费高质量发展。

三、推动服务消费扩容提质助力构建新发展格局

坚持扩大内需战略，形成强大国内市场，是构建新发展格局的重要支撑。加快服务消费扩容提质不仅是扩大内需的重要途径，也将为消费转型升

级和经济高质量发展注入新动力。今后一个时期，要适应服务消费扩容提质的新要求，在供给、需求和制度层面推进服务消费扩容提质，助力构建以国内大循环为主体、国内国际双循环相互促进的新发展格局。

（一）推进服务消费供给侧改革

鼓励服务业自主创新，加大对于服务业科技创新的研发投入，倡导服务业灵活运用先进技术，加强服务业融合创新，促进服务业转型升级，提升服务效率和服务业全要素生产率。利用 5G、大数据、云计算、人工智能等数字技术，加快实现线上和线下服务消费的深度融合，加快培育网上零售、在线教育、智慧旅游、互联网医疗等消费新模式、新业态，延长服务消费链条。健全服务业标准体系，加快制定和完善家政、餐饮、养老等行业的服务标准，推进国内标准与国际标准对标，提升服务消费质量。完善消费者权益保护体系，创新监管方式方法，营造安心的消费环境。

（二）挖掘服务消费市场潜力

加大收入分配调节力度，提高居民收入在国民收入分配中的比重，提高低收入群体收入，改善收入和财富分配格局。完善再分配机制，加大税收、社会保障、转移支付等调节精准度，简化社保参与、转移接续等手续，增强居民消费意愿。扩大中等收入群体，发挥中等收入群体引领服务消费升级的中坚力量作用，使其成为教育医疗、休闲旅游等中高端服务消费主力军。坚持"房子是用来住的、不是用来炒的"的定位，加强对房地产市场监管，降低高房价和居民高杠杆对消费的挤出效应。完善节假日制度，落实带薪休假制度，鼓励节假日消费和夜间经济发展。支持消费中心城市建设，培育国际消费中心城市。积极拓展下沉市场，完善乡村商业网点布局，提升农村物流服务网络覆盖率，激发下沉市场消费活力。

（三）推进服务消费数字化转型

制定服务消费数字化专项行动方案，加强全产业链视角的顶层设计，打通上下游企业数据通道，形成服务消费数字化产业链生态。鼓励不同细分行业数字化转型，不断拓展领域和范围。加快服务企业"上云用数赋智"，通过税收抵扣和财政补贴等方式，精准解决中小企业资金短缺难题。推广SaaS 等系统在中小服务企业的普及使用，让更多企业加入到数字化转型进程。加强新型基础设施建设，发展即时配送网络、培育智慧服务，促进服务消费全面数字化。发挥服务消费平台的数据和科技等优势，构建"互联网＋"服务消费生态。加强职业技能培训，提高服务消费从业人员数字化技能，提升服务企业数字化转型能力。

（四）深化体制机制改革

深化要素市场化配置改革，提高劳动力、土地、资金、技术、数据等要素市场化配置效率，加快构建高标准市场体系。营造公平竞争的市场环境，保障各类市场主体平等使用各类要素资源、公开公平公正参与竞争、同等受到法律保护。完善包容审慎监管方式，支持服务消费新业态、新模式发展，分类实行相应的监管规则和标准。强化服务消费领域信用体系建设，构建公正、公平、公开的信用评价体系，通过政企共治、社会监督等方式，发挥信用体系对服务消费领域市场参与主体的激励约束作用。完善支撑服务消费的流通体系，打通堵点、补齐短板，畅通国内国际商品流通和服务贸易，提高国内国际双循环相互促进水平。

■专家观点

服务：从平台到场景，从生活到方式

魏小安

(世界旅游城市联合会首席专家、中国旅游协会休闲度假分会会长)

一、数字生活

互联网进入中国，不到 30 年，不过是一代人的时间，却改变了整个社会生活。现在，已经进入"人人大云平移"的时代，即人工智能、机器人、大数据、云计算、平台化、移动终端。听起来无比高大上的词汇成为日常概念，是因为日常生活已经高度数字化。想买东西，先上网，经过比较和选择，一键下单，然后就等待快递小哥送上门。不要说 20 年以前，即使是 10 年以前，这种生活常态也是不可思议的。

在这波大潮之中，一批企业抓住了机遇，对应了风口，迅速崛起，美团是其中的典型，10 年之中，从一个团购网站，成长为一个生活服务平台。当然，多数团购网站都没有成功，在激烈的竞争中倒下。那么，成功者一定是做对了什么：一是对应需求，二是不断变革，三是扩充内容，四是便捷服务，五是成为体系。在这背后，平台化是根本变化，平台化依靠巨大的规模，对应了庞大的市场，提供了多样化的服务，构造了全面的服务体系，才有可能满足不断变化的需求。

总体而言，数字生活，不仅是生活内容的变化，也是生活方式的根本变化，甚至可以说是一种革命，只不过方式的变化是柔性的、潜移默化的，所以在消费者的感觉中，是逐步形成的。同样，数字社会的本质是社会结构与社会关系的变化。在城市化的生活中，我们已经能够感受到，一方面是"天涯咫尺"，距离已经不是障碍，民航、高铁和高速公路，越来越快，促进人的流动。发达的网络系统和物流系统，则可以买全球，吃八方，消费全世界。另一方面，则是"咫尺天涯"，邻里之间，居住多年，仍然不相识，也是普遍现象。因此，数字生活的新需求，尤其是精神需求将会越来越强烈。个性化的追求不仅是方向，也是新模式。总之，数字是基础，是工具，数字化是过程，是变动。这也意味着，传统互联网，传统平台，不能仅仅具有工具性的意义，需要谋求新的变革。

二、两个挑战

物联网时代已经来临，万物互联，5G 基础开始形成，在这一波国际竞争中，中国终于可以和发达国家并行，并有可能领跑。主要原因是我们有 14 多亿人口的统一大市场，并成为 5G 基础设施建设的领先者。科技进步是加速度进行的，也必然会带动社会生活的实际应用同样以加速度进行。最近，海尔集团张瑞敏先生提出：产品会被场景替代，行业会被生态覆盖。用户购买的不再只是一个个孤立的产品，而是一个综合的场景解决方案。为了满足用户的这种需求，行业间的边界也将被打破，转而更强调生态圈的概念。然而从历史来看，传统的服务业，还在被硬生生地划分为生产性服务业和生活性服务业。物流、人流、信息流，形成服务流，对应的科技流、资金流，都会永恒，因为它们是社会生活永远需求的。但是，表现形式和组织状态不可能永恒。也可以说，在未来，服务形态和服务活动始终存在，但是不再划分为服务业。行业性的划分过时了，生态圈产生了。产品在不断融合，消费将是场景式的。这恐怕就是对现有生活服务平台的第一个挑战。

对于现有生活服务平台的第二个挑战，是从生活服务到生活方式的引导。

首先是服务概念的拓展。《第三次工业革命》一书指出，"在第三次工业革命的经济模式之中，时间成了稀缺的资源和交换的关键组成，服务的获得超越了所有权成为主要的商业驱动力"。说到底，是谁服务，服务谁，服务什么，怎么服务。进一步，是产业格局、产业体系、产业政策。总体而言，是落实中央提出的治国理念，以人民为中心。这样，就需要以后工业化社会发展为着眼点，以产业体系建设为着力点，以社会服务培育为突破点。

基于此判断，未来十年的中国服务将有如下趋势：一是"均服务"的态势产生，发展优势显现。二是"高服务"的品牌集中，市场优势显现。三是"文服务"的经典创造，积淀优势显现。四是"精服务"的理念推广，国际优势显现。五是"泛服务"的链条形成，集群优势显现。六是"云服务"的体系完善，网络优势显现。

其次是关于生活方式。简单说，生活方式就是怎么过日子，不同群体、不同年龄、不同爱好、不同环境下，人们的生活方式都有所不同，其表现形式不同、权重也不同。究其根本，不同的生活方式是由时代主导的。在农业社会，人们的生活方式稳定，节奏缓慢，变化少。工业化时代，更强调科层制、集体性，人们的生活比较局限。进入后工业化时代，生活多元化，内容多样化，选择自由化，消费个性化开始成为时代潮流。再到数字化时代，数字鸿沟逐渐产生，前数字化、后数字化两个阶层的形成，也不过是一代人的过渡。但是，新需求在以十倍速变化，未来已来，新的生活方式在加速形成。由此，新产业、新业态、满足生活方式变迁的新服务，将层出不穷、百花齐放。

再次是消费者变化。消费者的体能在增长、技能在增加、智能也在日益丰富。尤其中国的消费者，未来要追求好玩、玩好。这样就需要赋能，这也是生活方式新平台的主要功能。

一是教育赋能，增加户外活动、研学旅游发展，强化亲子游。二是技术赋能，帮助消费者学习玩的技能，提高玩的本领，掌握技术要领。三是时间赋能，企业为员工增加休假时间，国家推进改革休假制度，让人们能够自由安排时间，自主休假。四是金融赋能，通过开办消费信贷、学习信贷等方式，增强消费者面对未来的稳定感、安全感。五是环境赋能，政企应携手营造良好的消费环境，建设友好的社区环境，通过社群营销、社区产品、社交吸引等方式促进消费。六是文化赋能，推动传统文化的现代解读、将传统资源开发成现代产品、建立传统产品的现代市场，让历史变得时尚，让文化变得可亲，让自然可以接触，让旅游进入生活。

最后，必须珍重消费。消费不可能是无止境的，需要进一步培育消费能力，发挥消费赋能，促进人均收入的持续稳定增长，同时推动传统工业化思维和管理方式的变化，适应消费端的新需求。

一要推动新旧动能转换，强化软开发，适度硬开发，重在整合资源，深度利用资源。二要增加能量，延长产业链，扩大产业面，形成产业群。目前，政府重视形成热点，企业跟进形成热流，市场呼应形成热潮。这都是好事，但是要警惕泡沫化，既不能一风起，也不能一刀切。三要增强能力，消费是增长的动能，细化是消费的追求，个性是消费的变化。大水漫灌式的投资方式、漫天撒网的市场方式都已经过时，精耕细作才是新方向。四要提升能级，从有没有到好不好，从贵不贵到值不值，最终是性价比的追求。

说到底，资源无限制，差异吸引；行为无框架，合法底线；体验无穷尽，古今中外；消费无止境，兴高采烈；产业无边界，全面覆盖；发展无约束，创意为王。契合人性，直抵人心，才有文化性，自有商业性。

三、生活变化

面向未来的生活服务平台，需要满足现实追求，挖掘潜在需求，引领未来需求。谁能看到未来，谁就能对应未来。但是没有任何人可以掌控未来，在数字生活自组织自生长和自进化的过程中，新的东西会不断涌现，多数死掉，少数生存，个别突出。

第一，"好吃懒做图舒服"。

　　骂一个人好吃懒做，是很严重的批评。其实，好吃懒做是人的天性，没有人天生就勤快，只是因为有了社会评价，才变成了毛病，刻苦耐劳才变成了社会的主流价值观。但是从社会生活来看，好吃懒做恰恰是进步的动力，因为好吃懒做，大家绞尽脑汁研究如何吃得好，如何少干活，天性推动了社会的进步。

　　好吃是农业社会的主要追求，自古民以食为天，先是吃饱，再是吃好。所以孔老夫子2000多年以前就提出"食不厌精，脍不厌细"，至今仍然是"吃货"们的指导思想。但是在技术条件局限之下，好吃之徒不能不勤快，扩大食材的范围，丰富食材的做法，所以勤快就演变成为一种道德。懒做是工业化时代的主要追求，三次工业革命，从根本上解放了人类。机械革命延长了人类的四肢，动力革命增长了人类的力量，交通革命延长了人类的出行距离，电子革命改变了人类的大脑，信息革命扩大了人类的视野。即使在中国，短短三十年之内，重体力劳动基本淘汰，社会生产力以几何级数增长。发明的动力就是人要少做，方便食品大行其道，"傻瓜"系列层出不穷，好吃加上懒做，成为真正的可能。图舒服，是服务业增长的原动力，也是服务品质提升的根本。机械化解决了人类的重体力劳动，机器人将解决人类的重复性劳动。下一步，机器人必然大行其道，甚至进入家庭。创造性劳动和情感性劳动自然将成为主流，在这个过渡阶段，是对一个国家治理体系的最终考验。

　　第二，"好玩玩好求快活"。

　　人类解放出来的体力和时间如何打发呢？这就形成了后工业化社会的主要追求——好玩玩好。休闲生活开始大行其道，精神生活的花样越来越多，多元化、多样化成为常态，移动终端成为须臾不可离手的重要工具。

　　美人香草是屈子的譬喻和寄托，其实就是对人生美好的追求，无论是好吃懒做图舒服还是好玩玩好求快活，几千年一以贯之，老百姓的生活是实实在在的，完全不必戴什么大帽子。

　　第三，"娱乐刺激追极限"。

闲极生事，人类在不断挑战自我。"娱乐至死"成为新的社会现象，各种深度体验方式不断产生，VR 和 AR 迅速成为新潮流。极限运动大行其道，翼装飞行等新的极限挑战不断产生，就连玻璃栈道都成为山岳型景区的标配。人工智能的社会化，不断创造出新的休闲体验，形成沉浸式、融合式的深度感受，也形成美好生活的超越性。

第四，"共享休闲成主流"。

各类共享设施的发展，代表了未来的社会潮流。共享经济的核心就是让闲置充分流动。闲置设施、闲置空间、闲置时间、闲置人才、闲置精力，一切都在流动，也都在流动中充分利用，充分增值。

一个一流的生活方式服务平台，必将创造一流的生活方式。从好到好，是一种追求，也是一种方式——好吃吃好，好住住好，好看看好，最终是好玩玩好。当下人们生活消费的现状，仍是短链供给、长链生活，短链提供了直接性和便利性，长链则产生了选择的无限性，但同时也会凸显消费的局限性，这又为平台提供了发展的契机。变革求快求猛，生活则求慢求精，更高的境界是追求生活的艺术，达到艺术的生活，这才是新平台的真意所在。方向对不怕路远，方法对少走弯路，寄希望于一代新企业，更寄希望于未来的企业。

本篇关键词

银发经济：指的是随着社会的老龄化而产生的专门为老年人消费服务的产业。银发经济大致分为日用品经济、保健品经济和服务类经济等。

单身经济：指由单身人群非常注重生活质量、崇尚高消费生活而带来的商机。除了单身公寓、单身套餐等持续红火外，越来越多的针对单身人士推出对应产品，推动"一个人的经济体"加速形成。

数字原住民：指"80后"及更年轻的人群，他们一出生就面临着一个无所不在的网络世界，对于他们而言，网络就是他们的生活，数字化生存是他们从小就开始的生存方式。

数字移民：指因为出生较早，在面对数字科技、数字文化时，必须经历并不顺畅且较为艰难的学习过程的人群。

宅经济：指在家中上班、兼职或从事商务工作，在家中消费也是宅经济必不可少的一部分，吃饭叫外卖、购物叫快递等都是宅经济的构成部分。

云旅游：指在家中通过直播等方式游览旅游景点，是一种全新的旅游模式，在特殊的情况下受到人们的欢迎，可以让人们足不出户领略到更多的美景，给旅游者们带来了方便，也缓解了线下旅游业的压力。

小镇青年：指身在三四线城市及以下的县城、乡镇，在老家生活工作或前往大城市及省会周边城市打拼的青年。随着经济发展和城镇化进程不断推进，下沉城市的基础设施、商业配套日益完善，下沉城市的年轻人群的规模不断增长，并且移动互联网使用程度加深，小镇青年逐渐成为消费升级新势力。

■ 产业篇

畅通内循环
服务业彰显经济韧性

　　2020年，面对新冠肺炎疫情带来的严峻挑战，中国经济走出了一条漂亮的"V"形曲线，在一季度经济增长为负的情况下，二季度迎来强劲反弹，并在随后稳中有升，成为唯一实现正增长的主要经济体，在这一过程中，GDP不仅没有损失，反而龙门一跳，首次突破100万亿元关口。一系列举世瞩目成绩的背后无不体现着我国各个产业的强劲韧性，其中，GDP贡献率近60%的服务业的复苏也为近年来中国供给侧结构性改革交出了的一份高质量的答卷，数千万的服务业商家像春风过后的劲草一般欣欣向荣，不仅满足了疫情过后人们"消费反弹"的需求，也为中国经济释放出更大的动能。

　　2020年同样是承前启后的机遇之年，"十四五"伊始，我国明确了加快构建以国内大循环为主体、国内国际双循环相互促进的新发展格局。内需是国内大循环的重要组成内容，其主要推动力量则是来自消费结构的持续升级与新技术推动的消费创新。因此，作为拉动消费的引擎，服务业更需加速拔高供给质量的"天花板"，实现消费的提质扩容。

　　疫情防控中，我们可以看到在国家多措并举下，服务业"百景图"重新迸发出新活力：服务业小店的订单量经历在2020年2月的断崖式下跌后，从3月起实现"V"形复苏，不少小店主通过线上经营、拓展服务品类，让小本买卖得以渡过难关，也展现了小店经济的强大韧性；眉州东坡、海底捞、旺顺阁等连锁餐厅，在堂食关闭、资金链面临严峻压力的情况下，开拓出网络销售食材和半成品的新路子，把危机转化成了新的机遇；疫情更加速了数字经济和实体经济的融合，智慧餐厅、无人便利店、无人配送等技术加速落地，深圳街边开出了全球首家无人面馆、无人配送车真正走上了北京顺义的街头，科技创新的"星辰大海"变成了真切可见的新型业态，成为数字经济最鲜活的注脚……这些可喜的变化淬炼了中国经济的韧性，也让中国紧紧掌握住了"逆风翻盘"的关键之匙。

小店焕新　疏通市场毛细血管

一家小店，一家希望。

小店是中国社会最微观、最具活力的经济个体，就像社会中的神经末梢，对经济环境的冷暖有着敏锐感知。2020 年伊始的新冠肺炎疫情让许多小店老板措手不及，但在辗转腾挪之间，他们挺过了凛冽的寒冬，迎来复苏，不仅撑起了一个个小家的希望，更展现出了大国的经济韧性。

"孖记士多"是一家小吃老店，店长老李凭借一盘盘地道的濑尿虾，将小店经营成了广州人心中的"老广味道"。2018 年后，老李将衣钵传承给两个女儿，小小的大排档也搬进了整洁明亮的店铺中，接待南来北往的客人。但突如其来的疫情打乱这一切：全国进入封锁状态，客流量骤然下降，从年初一开始，客人几乎只剩下附近的街坊。这些仅有的客人在用餐时，也只能在扫码群中下单，等待菜炒好后取回家，避免在店里逗留太久。如果是远客，姐妹俩则会叫跑腿小哥来取餐。

营业额一直在下降，一度只有平时营业额的 10%，连租金和员工工资都覆盖不了。是继续营业还是关门？老李坚持要继续开店，两位女儿也尊重了父亲的意见。但小店生存岌岌可危，姐妹俩决定尝试新的出路，而第一时间被想到的，就是外卖。

"孖记士多"以前从未接触过外卖，因为堂食已经足够忙碌。2 月 7 日起，姐妹俩在外卖软件上申请上线，火速上线后，外卖第一天卖了十单，之后一直增长，涨到了 200 多单，外卖营收占疫情前堂食营收的三分之二。小店因此度过了最艰难的时刻，随着疫情好转，店里恢复了堂食，但外卖仍在继续，并且为小店提供了更直接的顾客反馈。现在，姐妹俩每天都会通过客人的外卖评价，积极改进菜品和服务。虽然现在的客人不复疫情之前多，但老广州的记忆保住了。

和老李一家一样，北京"醉初花艺"店的老板杨爽也在这场疫情中"重获新生"。2020年初，花店在春节这一销售旺季关门歇业。然而这一歇就是两个月，重新开业时，杨爽发现整个世界像变了一样，消费者的消费习惯已从在实体店里"挑挑选选"变为在手机上"划来划去"，进店买花的人流量大不如前。为了让花店生意维持下去，她不仅尝试着开通了外卖业务，还全面开展到场布置业务，比如婚礼现场、商业活动、生日派对现场布置等，这次重要的尝试让杨爽在5个月的内实现了盈利。在杨爽看来，从线下转型到线上，看似简单，其实门道很多：如何打通线上线下销售渠道，如何从网上获客，如何开展线上促销，这些都是学问。但只要热爱，只要敢于突破，没有什么事情可以打倒她。

年轻顾客在"孖记士多"就餐

餐馆开通外卖，花店承接婚礼布置，理发店做直播，甚至不少社区便利店化身为"生鲜仓库"，以社区电商的方式将附近居民每日所需食材送至家家户户，2020年，许多小店不仅没有因为疫情而倒下，还通过数字化、多元化、个性化的方式来迎来了春天。

我国小店数量大、吸纳就业多，在经济中发挥着"毛细血管"的功能，发展小店经济不仅能带动就业，更能增强我国经济发展的活力和动力。2020年7月21日，习近平总书记在企业家座谈会上强调，"高度重视支持个体工商户发展。要积极帮助个体工商户解决租金、税费、社保、融资等方面难题，提供更直接更有效的政策帮扶"①。商务部等七部门在2020年7月联合印发了《关于开展小店经济推进行动的通知》，通过组织全国试点、地方广泛参与，促进小店经济健康繁荣发展，并鼓励旅游景点、特色街区的小店以异域风情、地方特色、历史文化等新奇体验留住国内外游客，增强美食街、酒吧街、茶叶街、文创街等街区"烟火气"。而2020年全年的43次国务院常务会议中，也有13次提到了要落实部署对个体工商户加大扶持，帮助缓解疫情影响纾困解难。

在"为经济疏通毛细血管"的政策背景下，政府和社会的帮扶举措陆续出台，在降本方面，各地政府加大对小微企业和个体工商户的租金、水电气费、增值税的减免力度。比如2020年上半年，新疆累计为2.9万余户中小微企业和个体工商户减免租金4.78亿元②；武汉市场监管局先后出台帮扶措施，促成对中小企业和个体工商户减免房屋租金5.5亿元。在贷款方面，金融部门采取多项措施，鼓励银行向包括个体工商户在内的各类市场主体合理让利，中国人民银行数据显示，至2020年5月份，央行已为企业特别是中小微企业和个体工商户提供低成本贷款2.85万亿元，并对110多万户中小微企业超过1万亿元贷款本息办理延期还本或付息。此外，许多地方政府也

---

① 习近平：《在企业家座谈会上的讲话》，人民出版社2020年版，第5页。
② 数据来自2020年新疆"从激发潜能，推动消费回升，多措并举扩大消费"新闻发布会。

放宽了经营准入条件，辽宁省就提出要因地制宜，放宽临时外摆限制，允许有条件的沿街小店在不影响公共交通和周边居民生活的情况下开展外摆经营，并对门店简单加工即可出餐的小店，降低营业面积和厨房比例要求。一系列举措让小店店主不再受困于高昂的周转资金和高企的经营门槛。

扶持举措"给力"，小店也是自强不息，如开篇所提，面对疫情，店主们挖掘小店服务灵活、规模小的特点，发展一店多能，开通了收寄快递、洗衣、维修等多项便民服务，打造针对特殊人群、地方特色的差异化经营，一些闲不住的店主将自己的商品拿到夜市，摆起了摊。更有不少敢于尝试新鲜事物的店主积极拥抱数字化，通过外卖、直播带货、做社区团购团长等方式营生。种种尝试给了小店店主们战胜疫情的信心，也温暖了人间烟火气，美团数据显示，2020 年 2 月份，小店营业额曾出现断崖式下跌，但从 3 月份起就逐步恢复，实现了"V"形复苏，同年第三季度美团平台上新增小店近 30 万家。9、10 月份服务业小店的消费复苏率更是分别达到了 107%和 104%，均已超越往年的水平。

小店经济的繁荣在一定程度上映射了数字化的价值，这也让数字企业组织肩负着更大的责任。《关于开展小店经济推进行动的通知》明确提出各个平台要推动整合信息、产品、渠道、流量、集聚区等小店商业资源，在细分市场、深耕专业上下功夫，形成数字化、非营利性、服务本地的商联体平台，以开放、共享理念拓展综合服务功能，为小店经济发展提供赋能和支撑。而为了落实扶持政策，进一步加速小店转型，各大互联网企业纷纷推出帮扶举措，2020 年上半年，腾讯、美团、京东等企业推出了包括"全国小店烟火计划"、"春风行动"百万小店计划、"星星之火"计划等举措，帮助小店商家提升数字化经营能力。其中，"春风行动"百万小店计划采取线上化运营，提供优惠贷款、供应链服务、针对性培训等六大举措支持小店经济，例如推出小店"极速上线"通道，让符合条件的小店商家最快三小时完成从申请到平台开店流程，还与地方政府联合推出消费券，通过引流为小店增收。美团数据显示，受益消费券的商家中，小店占比达 88.5%。参与活动的小店，在活动前后的日均交易额平均增长 52.9%。

有好政策，有新技术，有落地举措，但要彻底激活小店经济，真正让人间烟火气温暖下去，仍需政府、企业、小店店主多方共同努力。随着疫情防控进入常态化，小店要想更好地发展，必须要有稳定的资金周转和更为灵活的经营模式。因此，政府部门需进一步加强支持引导，在减税降费、贴息贷款、数字赋能等方面重点施策，切实解决小店在租金、融资等方面的实际困难，不断优化小店经营环境，引导小店创新经营、转型发展。企业也要在合理的界限内，利用好自身优势，寻找更多有益的方式满足小店高质量经营的诉求。当然，小店也要从消费者需求出发，挖掘特色化、数字化发展模式，提供更方便、更温暖的服务。

延伸阅读

北京疫情下的坚韧：一家敢于只做外卖的面条小店

2020 年 6 月中旬，杜贝贝决定把胖妹面庄的堂食关了，只做外卖。

6 月 11 日以来，北京市连续出现新冠肺炎确诊病例。随着天坛发现一例感染病例，胖妹面庄所在的北新桥街道被列为中风险地区，小店再度面临经营封锁危机。但杜贝贝相信，有了第一波疫情的经验，只做外卖，他们有底气。

因为堂食火爆，且面食对外卖的要求很高，这家小店曾经并不信任外卖。但年初疫情暴发后，全国各地的餐厅陆续停业。杜贝贝有些慌了，她联系了美团工作人员，三天后，胖妹面庄就上线了美团外卖，正式开启数字化升级的

道路。

为了保证面条口感，杜贝贝延用了之前的生包设计：一份底料，一份面，一份浇头，并附上一张简洁的说明书。她还专门拍了演示煮面过程的短视频，让顾客能按图索骥，还原店里的口味。有老客住得远，杜贝贝又向美团申请开通混合送，将配送范围覆盖到方圆7公里。为了吸引新粉丝，她变着花样策划活动，比如给粉丝送面碗、和酒馆合作等。当6月疫情再袭来时，他们已经积累了基数不小的外卖客户。从6月中旬到7月中旬，这家小店第二度关闭堂食期间，一天送出的外卖，最多能超过400单。

7月20日，北京宣布疫情应急响应级别由二级调整为三级，开启疫后复苏。杜贝贝也为小店做好了下一步准备：她租下了小店对面的门面，打算作为专门的外卖厨房。当熟悉的嘈杂声再度回响在街头，城市生活也回到了正轨，这些坚韧的小店就宛如"任尔东西南北风"的小草，虽微小却生机盎然，与一座城共生共存。

▶ 危中寻机　数字化助力服务业开新局

　　新冠肺炎疫情的出现给餐饮、文旅、住宿等生活服务业生存发展带来了极大的挑战，但"危和机总是同生并存的，克服了危即是机"。2020 年 3 月 29 日，习近平总书记在浙江考察时强调，随着境外疫情加速扩散蔓延，国际经贸活动受到严重影响，我国经济发展面临新的挑战，同时也给我国加快科技发展、推动产业优化升级带来新的机遇。要深入分析，全面权衡，准确识变、科学应变、主动求变，善于从眼前的危机、眼前的困难中捕捉和创造机遇。① 伴随着中国疫情防控取得重大战略成果，服务业也在积极拥抱变化的过程中发现了新的机遇。

　　2020 年 4 月，北京餐饮企业眉州东坡集团凭借着勇敢面对疫情，主动求变开辟经营新思路而登上了央视的《新闻联播》栏目。眉州东坡在全国拥有 100 多家线下门店，8000 多名员工，疫情防控期间生意下滑八到九成。但他们不仅没有选择闭店歇业，还主动出击，推出小程序，将自有的供应链食材资源，通过与快递公司合作的形式配送到消费者手上，并通过直播带货、社群运营等方式带动线上订单。通过两个多月的创新经营，集团实现营业收入 8000 多万元，销售额已恢复到原来水平的五成，更借此机会将中央厨房、物流配送、出口工厂全部打通，完成从田间地头到百姓餐桌的全产业链布局。

---

① 《习近平在浙江考察时强调：统筹推进疫情防控和经济社会发展工作　奋力实现今年经济社会发展目标任务》，《人民日报》2020 年 4 月 3 日。

在这一过程中，政府也给予帮扶，北京市商务局仅一周时间就批办了申请店内食品对外销售的资质，并给企业送来了便民销售汽车，让眉州东坡把产品销往社区、园区和人流密集的区域。金融机构也及时伸出援手，新增了1亿元的低息贷款，还有国家增值税和社保的减免等。

眉州东坡危中寻机的故事并非个例，虽然疫情给餐饮业带来重创，但不少企业还是发现了新的机遇。比如在疫情防控期间，眉州东坡、海底捞、旺顺阁等餐饮企业都针对宅家消费人群增多这一趋势，将菜品的原材料或半成品进行拆分，通过无接触配送、直播带货方式让不能堂食的消费者在家也能品尝地道美味，一方面为新冠肺炎疫情防控期间城市保供作出了贡献，另一

眉州东坡集团在小程序上推出半成品礼盒

方面开辟出一条新的发展之路。

餐饮业关乎民生，2020年，我国餐饮收入近4万亿元，复苏餐饮业不仅是满足人民日益增长的美好生活需要，更是促进经济内循环的重要环节。11月18日召开的国务院常务会议提出要提振餐饮消费，鼓励餐饮企业提升菜品、创新经营，支持推介优质特色饮食。得益于好的政策和数字化等创新手段，我国餐饮行业收入降幅正在逐渐收窄。国家统计局数据显示，2020年10月，我国餐饮行业收入4372亿元，同比增长0.8%，实现了年内增速首次转正。

和餐饮业一样，旅游产业也在疫后迎来重生，作为典型的综合性产业，旅游业对其他行业有明显的拉动作用，是促进国民经济增长的重要引擎。受全球疫情形势影响，"互联网＋旅游"价值凸显。无法出境游的游客青睐于在国内选择可替代的旅游产品，旅游业开启"内循环"模式，预约旅游、云旅游成为景区管理者吸纳游客的主要手段，其中发展云旅游更上升为国家层面战略，2020年11月，国务院常务会议确定了支持"互联网＋旅游"发展的措施，提出不仅要建设智慧旅游景区，更鼓励景区加大线上营销力度，引导云旅游等新业态发展。

2020年4月，一场特殊的"云游"在故宫博物院开启。1100万人次通过视频直播领略到闭馆期间故宫的春日之美。这次直播也为故宫深入思考闭馆期间如何"开放"提供了契机。据统计，仅2020年3、4月份，各地博物馆推出逾2000余项网上展览，总浏览量超50亿人次。同时，在疫情防控期间，包括故宫在内的上千家博物馆还推行了网络预约，分时预约，并实施瞬时最大限流30%，有效降低了游客聚集所带来的疫情隐患。此外，一些景区还借助数字化手段打造更全面、更特色化的服务，比如上海东方明珠就与美团共同打造了景区会员旗舰店，游客购买门票并完成现场消费后即可获得一定积分，相应的积分也将同步更新至景区官方商城，这种线上线下会员打通的方式弥补了过去东方明珠复购少、营收模式单一的不足，进一步带动二次消费。

疫情给旅游业带来的另一个机遇则是西部游的火热。美团数据显示，2020 年国庆节期间，宁夏、青海、甘肃成为新晋旅游热门省份 TOP3，旅游产品订单量环比分别增长 110%、106%、94%，两倍于全国均值。而据西藏自治区旅游发展厅透露，2020 年上半年西藏接待游客达 833 万余人次，在全国旅游市场复苏率中排名第一。面对这场前所未有的西部旅游热，景区管理者也在不断丰富景区特色，比如，景区晋升为国家 5A 级旅游景区后，张掖丹霞文化旅游股份有限公司就以七彩丹霞资源禀赋为基础，通过开展航空会展、飞行赛事、文化交流等主题活动，扩大通用航空爱好者等消费者群体。

与此同时，和旅游息息相关的酒店业也在积极探索数字化带来的新可能。2020 年 8 月 21 日，深圳凯贝丽君临海域服务公寓在一场直播带货活动中，完成了两小时 3682 个订单的超高销售量，是平日的几十倍。火爆的销量让酒店人知道在直播这件事上，只要能掌握技巧，一切皆有可能。而一些适应能力强的酒店已经在疫情防控期间启用智能机器人实现无接触式服务，部分酒店甚至在办理入住、退房、客房服务等各个场景均采用数字化智能设备，在提升客户体验的同时，也可根据客人的消费喜好对酒店日后的运营管理及营销策略提供更加精准的参考。这种敢于求变的精神让酒店业逐步复苏，酒店数据分析公司 STR 的数据显示，自 2020 年 8 月以来，中国酒店平均入住率接近 70%。而在国庆黄金周期间，这一数字一度达到 83%，几乎与 2019 年的水平持平。

从饭店直播带货，到酒店景区无接触服务，疫情在一定程度上加速了实体经济与数字技术的融合，这种融合不只深刻影响着生活服务业商家的经营思维，也在改变着商家的经营方式，并加速新业态的完善。2020 年 12 月，全球首家智能面馆落地深圳，这家科技感十足的面馆能够在 160 秒煮出 6 碗面，刚一面世就引发众多顾客争相排队体验。翻台率高，味道好，安全成为顾客共有的评价。如今，这种有着高可复制性的服务模式有望向全国推广。

智慧化无人服务并非 2020 年新生服务模式，但却因疫情对"无接触"的需要而受到更多消费者的欢迎。无人便利店、无人机器人成为不少商家应

海底捞智慧餐厅厨房的机械手臂

对疫情的新选择。比如，兰州市城关区皋兰路一酒店内推出"无接触服务"，智能机器人可帮客人办理自助入住、退房，以及机送物等服务。忙的时候，酒店机器人平均每天要配送 100 多次。而海底捞负责人也表示，截至 2020 年 6 月 30 日，海底捞共在 3 家门店安装了智慧机械臂，23 家店采用了智能配锅机，并在全球餐厅中使用了 958 台传菜机器人和 385 部小美电话机器人。

在常态化疫情防控条件下，着力补齐新型消费短板、以新业态新模式为引领加快新型消费发展成为我国发展建设重要目标，《国务院办公厅关于以新业态新模式引领新型消费加快发展的意见》指出，要创新无接触式消费模式，探索发展智慧超市、智慧商店、智慧餐厅等新零售业态。如今，相关产业链已经逐渐完善，据第一财经报道，国内餐饮机器人的销量近两年在迅速增长，一些生产产企业年度产量达到 1.5 万—4 万台。此外，美团、京东等服务业企业也在拓宽无人设备的类型。比如美团推出的无人配送车，自 2020 年初疫期落地北京顺义区后，获得当地政府大力支持，截至目前已围绕顺义区 20 个社区及周边路线持续配送超过一年，累计订单数超过 3 万单，基本实现区域常态化运行。

当下，推进供给侧结构性改革、实现生活服务业的高质量发展已经成为构建国内大循环的重点产业发展方向和政策着力点。在机遇面前，生活服务业要瞄准居民消费升级大趋势。创新经营模式和理念，满足人们日渐提升的消费需求。同时，政府侧也需不断提升公共服务保障水平，加强服务质量监督检查，提高市场监管水平，保障服务消费市场健康发展。

延伸
阅读

拥抱会员经济，东方明珠照亮"去门票"之路

建于 1994 年的东方明珠一直是上海典型的观光景区，外地游客来买一张票乘着观光电梯登顶，俯瞰全上海，少有复购、少有本地游客、没有其他业态收入，2013 年，东方明珠一年接待游客达到 400 多万人次，这接近了观光业态的承载上限。作为地标性建筑，这样的收入模式很难带来更大的效益。过去几年，为了更好地挖掘东方明珠的潜在价值，景区管理者在原有观光业态的基础上，不断升级内容，接连推出穹顶大秀、沉浸式印象光绘艺术馆、VR 过山车、卡丁车体验中心等高科技文化体验项目，以及全球首家可口可乐主题餐厅、喜茶、星巴克等深受年轻人喜欢的潮流餐饮。这些业态引入后，东方明珠不再是一辈子只去一次观光塔，而是集观光、休闲、体验、娱乐、餐饮、购物于一体的城市公共娱乐空间，供本地市民和外地游客共游共享。

2020 年春天，受疫情影响，东方明珠遭遇了营业 26 年以来的首次闭馆，业务一度陷入停摆，而在疫情得到控制以后，客流量虽逐步扩大，但要回到疫前正常水平仍需等待较长时间。8 月，东方明珠与美团景区宣布达成合作，在美团 APP 上开通了官方会员旗舰店，采用消费积分的全新方式，游客在东方明珠场景中消费可以产生积分，积分可换算成现金抵扣购物、餐饮或其他体验消费项

目，而东方明珠可以在游客消费中的各个环节吸纳会员，不仅让游客得到了实惠，也实现了各个业态相互导流，盘活了流量，使景区有了更有效的运营和营销推广手段。据东方明珠塔工作人员介绍，在对多业态综合体呈现调整后，游客在美团上预订东方明珠产品的客单价由过去的 170 多元提升到了 225 元左右，而包含餐饮的门票销量更是单一普通门票的二三十倍。很难想象，疫情在一定程度上"推动"景区向多业态、客群营销精细化方向加速转型，这也为景区开通会员体系增添了动力。

延伸
阅读

扫码下单　无人配送　MAI SHOP 带来智慧零售新思路

　　游客逛公园里逛得渴了饿了，可以在公园扫码下单，10 来分钟就可以收到无人车送来的餐点饮料，这种即时送达的无人配送场景在首钢园已经成为现实。

　　在北京石景山区首钢园秀池酒店 3 号楼一层，坐落着国内首个落地完整自动化生活服务新零售门店——美团 MAI SHOP。这个集成了闪购无人微仓和无人配送等智能化、自动化能力的智慧便利店能够通过 AI 技术和机器人与商家、骑手的配合使得用户体验和服务效率的双提升。

　　MAI SHOP 支持线上 APP 下单、到店自提、园区内美团站牌扫码下单 3 种不同的购物方式，可以全场景实现零售到手的新体验。例如，在首钢园区内设置的 10 个美团站牌，用户可以在任意一处完成下单，MAI SHOP 系统即时进行订单自主处理，通过自动拣选、AGV 小车配货、打包以及无人车配送一系列流程，完成订单运作，用户只要在相应站点等待无人车送达，输入手机收到的验证码，即可取到下单商品。在国庆节试运营期间，美团 MAI SHOP 平均送达时间为 17 分钟，95% 的订单都实现全无人配送。

除了让游客体验得到大幅提升，MAI SHOP 还提升了商家线上、线下、数据和配送多场景的运营能力，改善了传统便利店仓储的拣货效率。据了解，传统拣货成本为 1.5—4 元之间，几乎占整体订单价的 8%—10%，而现在无人仓模式可以将这一成本降至 1 元以下，拣货效率达到传统模式的 7 倍，且还有向下缩减成本的空间。同时，站点＋无人配送模式带来的移动性也降低了门店对选址的依赖度。此外 MAI SHOP 还是一家骑手负责运营的智慧门店，能够为骑手提供如无人车安全员、门店上货与维修员等更多职业发展的可能。未来，一名骑手维护多家 MAI SHOP 将是手到擒来的事情。

业内人士认为，无人微仓的高标准化产品组件可以在落地过程中快速被复制，帮助实现新店的快速拓张，进而依靠大数据进行精准预测和经营管理，轻松实现整个店仓网络的管理和优化。

位于北京石景山区首钢园景区内的美团无人配送车

▶ 沙县小吃和兰州拉面
国民小吃背后的大格局

　　5 元一碗馄饨，6 元一份蒸饺，7 元一碗拌面，实惠的价格满足了工薪一族在街头巷尾享受一口美食的需求。而朴素的店面、简陋的桌椅，也大大降低了商家开店的门槛。"物美价廉""随处可见""开店容易"成为大众对沙县小吃的普遍认知。然而从 1992 年创立至今，走过近 30 年的沙县小吃早已经发展成为一个大产业。

　　据沙县小吃办统计，至 2020 年，全国沙县小吃门店超 8.8 万家，连锁标准店 3103 家，年营业额超 500 亿元，带动 30 万人就业，不仅是当地的支柱产业，还走出国门，遍布全球 62 个国家和地区，受到世界各地人民的喜爱，在美国纽约，首家沙县小吃在开业前一天准备的 2000 多个柳叶蒸饺 3 个小时内就售罄，成为享誉全球的"国民小吃"。

　　习近平同志在福建工作期间，多次对沙县小吃发展提出殷切希望。1999 年 3 月 4 日，时任福建省委副书记的习近平同志指出，沙县小吃业的成功之处在于定位准确，填补了低消费的空白，薄利多销，闯出一条路子，现在应当认真进行总结，加强研究和培训，深入挖掘小吃业的拓展空间。习近平同志的鼓励激发了沙县人的创业积极性，20 多年来，从加强资金扶持到在各地举行推介会，沙县在发展小吃方面从未懈怠。2008 年，沙县小吃集团正式成立，按照现代餐饮经营管理模式，提出"标准化、连锁化"，推动沙县小吃转型升级，还推出了统一的集体商标，为各类小吃制定严格的用料以及制作的规范，并为小吃业主提供专业技能培训，指导他们如何找店、开店，还设立驻外联络处，帮助他们解决实际困难。

学员正在学习各种沙县小吃制作技艺

然而对于传统小吃的改造并非易事，由于种种原因，沙县小吃集团没能形成稳定的供应链，且主要还是以个体户为主，只是共用商标各自发展。导致遍布各地的沙县小吃服务和食品质量参差不齐。"环境简陋卫生差"的不良口碑严重影响了沙县小吃的发展。为此，沙县小吃集团开始尝试规范化管理。2017 年，沙县小吃集团积极推动各地的小吃店面加盟，实行统一管理、统一装修、统一产品的现代经营方式。并配备了先进的生产设备，实现机械化生产，以蒸饺为例，蒸饺产业生产线可以完成和面、做馅、包饺等全部工序，每天可以生产 3 吨蒸饺，节约了近 90% 人力成本。此外，沙县小吃集团还打造了供应链大数据系统，可以对各地区数据进行分析，及时配送到有需要的门店之中。

产业链优化以后，更受年轻人喜爱的升级版沙县品牌也相继出现，比如沙县小吃品牌金沙巷就做出了人均 70 元左右的沙县小吃。泥鳅煲、春卷等在一般的沙县门店中几乎见不到的小吃，都被他们纳入菜单中。而他们的经营方式则一改以往，让传统的沙县小吃经营者加入作为产品技术合伙人，公司方面则统一把控经营管理，这就弥补了沙县小吃经营者们在管理上的不足。用新的经营管理理念，把已经逐渐老化的品类重新做一遍，给了沙县小吃重新焕发活力的可能性。

值得一提的是，沙县小吃的规模化发展也给当地经济带来巨大推动作用，据沙县县委、县政府相关人员介绍，仅沙县中药材、食用菌等小吃配料种植基地就有 6 万亩，带动了 2 万多农户从事种植业；当地还成立了家禽养殖、调味品生产等众多合作社以及 76 家食品加工企业，累计带动 30 万人致富。而且沙县小吃这张美食名片还吸引着每年超过 500 万人次观光旅游，2019 年当地旅游总收入达到 54.48 亿元。

和沙县小吃一样，兰州拉面也是享誉海内外的国民小吃，兰州市商务局数据显示，目前兰州市区内有牛肉面馆 1000 余家，从业人员达 14000 余人。全国各地"兰州牛肉拉面店"有 4 万多家，年营业额约为 600 亿元，从业人员超过 30 万。在 40 个国家和地区开设店馆 200 多家。如今，兰州牛肉面已是兰州人幸福生活的体现，更是兰州对外城市形象的宣传大使。

兰州拉面走遍全球，深受消费者喜爱的背后，是地方特色产业在政府一系列扶持政策下的融合与创新。2018 年至 2019 年，甘肃省政府和兰州市政府相继推出了《关于促进兰州牛肉拉面产业发展的意见》《兰州牛肉拉面提升发展质量行动实施方案》，旨在发挥当地兰州牛肉拉面产业特色优势，延长产业链、提升价值链，推动一二三产业融合发展。三年来，通过政府、企业、高校多方合作，形成一套集科研开发、技术培训、生产加工、物流配送、连锁经营于一体的庞大的产业链条。研发上，由政府主导科研机构兰州牛肉面产业发展中心与兰州交通大学合作，对产品口味、肉牛养殖进行开发尝试；技术培训上，政府鼓励当地职业学校开通职业技能扶贫培训班，不仅增加了产业人群，还帮助农民实现了就业脱贫；生产加工上，当地发布了《兰州牛肉面食品安全地方标准》，对产品生产的技术要求、试验方法、检验规则、标识、包装运输及储存等方面进行规范，保证了口味的统一；在物流配送方面，最新建成的兰州牛肉拉面食材供应链公共服务平台通过大数据、人工智能的技术可降低供应链综合成本 10% 以上，实现兰州牛肉拉面食材配送比例达 30% 以上，为终端店面创造利润千万元以上；而在连锁经营方面，政府还重点扶持以直营连锁为主的连锁品牌企业，推动以加盟连锁为主的兰州牛肉拉面品牌企业向直营连锁为主和加盟连锁混合发展转化。而据兰州市商务局负责人介绍，未来，还将建设兰州牛肉拉面行业大数据中心，通过牛肉拉面商家在线认证系统与"兰州牛肉拉面"商标管理系统融合，梳理和汇总全国兰州牛肉面行业数据，实现大商家经营数据信息化管理。并利用信息平台和微信公众平台等媒介传播手段，传播"兰州牛肉拉面"文化，带动当地旅游。

在《从数字生活到数字社会：美团年度观察 2020》一书中我们提到，在我国已经进入服务经济时代的背景下，传统的产业边界逐渐被打破，产业间分工日益细化，产业深度融合成为普遍的大趋势。而沙县小吃和兰州拉面能够做大做强的案例再一次印证了产业融合与产业链升级在拉动经济方面的巨大价值。2020 年 4 月 23 日，习近平总书记在陕西调研时指出：要围绕产业链部署创新链、围绕创新链布局产业链，推动经济高质量发展迈出更大步伐。①"十四五"规划也提出要推动现代服务业同先进制造业、现代农业深度融合，加快推进服务业数字化。这些都也为我国服务业、制造业、农业共同步入现代化高质量发展指出更为明确的方向。

而随着当前新冠肺炎疫情影响广泛深远，逆全球化趋势更加明显，全球产业链、供应链面临重大冲击，风险加大。产业链供应链的升级对于提升经济发展的自主性、可持续性，增强韧性，以及保持我国经济平稳健康发展将会起到更为重要的作用。

---

① 《习近平在陕西考察时强调：扎实做好"六稳"工作落实"六保"任务　奋力谱写陕西新时代追赶超越新篇章》，《人民日报》2020 年 4 月 27 日。

重庆潼南柠檬的"双循环"之旅

重庆潼南是我国柠檬三大主产区之一，也是世界三大顶级柠檬产地之一。近年来，重庆市农业农村委提出了"以潼南为中心建设百亿级柠檬产业链，带动全市及周边形成千亿级柠檬产业集群"的要求。当地政府紧抓这一机遇，不断把柠檬产业链做大作做深，通过规模化种植、标准化生产、专业化开发等方式打造全产业链条，不仅诞生了一大批柠檬加工制造企业，还带动当地农民脱贫增收，获得了国家首批现代农业（柠檬）产业园、国家柠檬生产综合标准化示范区、国家级外贸转型升级基地等多块国家级牌子。

由于产量高，品质好，潼南柠檬也远销海外，每年出口总量占全国出口总份额的一半以上，出口成为当地生产企业重要的营收渠道，但受 2020 年新冠肺炎疫情的影响，外贸订单迅速收缩导致数十万吨柠檬鲜果滞销。如果不快速销售出去，不仅企业会受影响，更会波及当地整个柠檬产业链。为此，当地企业积极求变，利用国

重庆潼南一家企业将柠檬加工成料理汁

内超大市场规模优势发展内需，开始重点生产更适合国内消费者的柠檬果汁、柠檬糕、柠檬鲜食片、柠檬冻干片、柠檬洗面奶等深加工制品，一些企业还开发出可以替代醋的柠檬料理汁，并通过线上渠道进行推广，推出后受到大量年轻消费者的喜爱。整个区域的柠檬产业的运转也得以恢复。如今，柠檬产业综合产值达到 32.6 亿元，帮助 5 万余农民脱贫增收致富。在这一过程中，当地政府通过募集资金、减税降费、争取扶持资金等方式解决了企业生产资金的难题，并给企业推广流量扶持。

从出口原料到内销创新，内循环的新格局和完善的产业链布局让潼南柠檬这个大产业在疫情之下仍然坚挺，未来，潼南区将加快国家现代农业产业园建设步伐。力争到 2025 年实现柠檬种植基地面积 50 万亩、年产量 100 万吨，形成百亿级的产业链。

■ **专家观点**

生活服务业的数字化分析

吕本富

（中国科学院大学教授博士生导师、国家创新与发展战略研究会副会长、
中国信息经济学会副理事长）

当前，我国服务业的 GDP 占比已是半壁江山。去年底召开的中央经济工作会议指出，要更多依靠市场机制和现代科技创新推动服务业发展，推动生产性服务业向专业化和价值链高端延伸，推动生活性服务业向高品质和多样化升级。由于生活服务业是服务业的主力，其数字化升级尤为重要。疫情给生活服务业又摁下"快进键"，带来很多新图景：云端互动产生了网红直播和"宅经济"；生鲜电商、在线问诊、在线教育等为日常生活带来新体验。这些新业态不仅便利了居民生活，也不断推动了服务业及相关行业变革，为我国经济高质量发展注入持久动力。

一、生活服务业数字化的现状

由中国信通院等机构发布的《中国生活服务业数字化发展报告（2020年)》显示，数字技术推动了服务业线下场景线上化和服务业数字化转型的进程，我国数字经济与服务经济正在深度融合。2019 年我国生活服务业的数字经济占行业增加值比重已达 38%，在三次产业中数字化水平最

高、转型速度最快。在疫情期间，依托数字化的在线零售、医疗、游戏以及物流快递等行业逆势上扬。

根据国际咨询公司 BCG 的调研，中国消费者的数字化习惯推进了前端消费侧的数字化发展进程，并在消费者的生活、工作、学习、娱乐等各个场景里不断提高数字化的程度。中国消费者从发现、研究，到购买、付款、配送，再到售后的每个环节，已形成线上和线下多渠道多触点全面融合的现象。同时，中国消费者在线上和线下不同触点间的切换转化也更加频繁。

服务业加快数字化转型有何重要意义？著名经济学家江小涓说："从一些国家的发展路径看，当服务业比重达到 GDP 一半后，经济开始呈'喇叭口'增长，即经济增速会随服务业比重上升而有所下降。服务业数字化有望帮助我们避免陷入这一怪圈。"通过大数据精准匹配个性化需求，将大幅提升资源配置效率；通过加快产品和服务创新的速度，促进消费者不断尝试新产品、新服务，加速消费升级迭代，持续释放需求动力。

二、生活服务业数字化的四个赛道

由于中国具有超大规模生活服务业市场，数字平台企业既拥有规模效应，也能形成竞争效应，从而加快企业服务创新的迭代速度。从生活服务业数字化升级的角度看，已经形成了四个重要赛道。

1. 生活服务业的"新引擎"

通过全面数字化转型实现弯道超车，服务业的数字化正在成为"新引擎"的一部分。实体零售、电商平台、新零售和新服务四者间的边界正在虚化，模式开始打通。线下主打消费体验，电商浏览商品信息，外卖满足即时需求，从送美食到送万物，既能在全国范围内提供标准化服务，又能在区域内进一步满足个性化的精细需求，生活服务正在向全场景、全时段、全方位数字化运营迈进。支撑这些服务需要平台、硬件和软件的组合，就是生活服务业的"新引擎"。

平台是连接供给和需求、商户和消费者的中枢，基于大数据、云计算等数字技术，赋能商户、调度运力、为消费者提供服务。平台经济的核心价值在于通过信息对接来实现资源配置的降本增效，平台本身就是必不可缺的"基础设施"之一。

硬件包括智能取餐柜等末端交付设备、配餐车等运输工具、智慧餐厅管理终端等。此次疫情迅速推进了各类数字化设备在生活服务领域的应用和普及，以餐饮行业为例，我们看到了智能无接触取餐柜、无人配餐车、智慧餐厅管理设备等逐渐成为生活服务的载体。其中最有特色的是智能无接触取餐柜。功能和应用场景类似于目前在快递末端配送中广泛使用的智能快件箱。柜体布设在人口密集的社区、校区、商区外围的露天或半露天区域，外卖骑手通过手机客户端扫描取餐柜屏幕二维码，根据提示信息将外卖放进指定柜格，客户接受到信息后取餐。

软件则包括放心码、健康码、食安封签、终端及网络软件服务系统等。

这些基础设施具有强外部性和公共产品属性，在经济和产业发展中起到了辐射范围广、规模效应强的托底作用。

2. 生活服务业的新模式

疫情催生到家需求，生鲜新零售模式渗透率加速提升，多种商业模式共同推动生鲜消费渠道升级。目前较为成熟的模式有：（1）到店＋到家模式，主要代表为盒马、大润发、永辉超市；（2）前置仓到家模式，主要代表为叮咚买菜、美团买菜；（3）平台＋到家模式，主要代表为京东到家、淘鲜达；（4）社区电商模式，主要代表为美团优选、饿了么生鲜自提、食享会等。

表 1　国内主要生鲜新零售模式

业态分类	代表企业	经营模式描述
传统生鲜电商	天猫生鲜、京东生鲜、本来生活	通过互联网将生鲜产品通过自建物流或者第三方物流直接配送给消费者。优势：获客成本低；劣势：时效差、履单成本高。
到店+到家	盒马、大润发、永辉超市	到店消费+线上购物+即时配送，提供线上线下一体化消费体验。优势：全场景服务；劣势：租金、人工成本高。
前置仓到家	叮咚买菜、美团买菜	在离用户最近的地方布局集仓储、分拣、配送为一体的仓储点。优势：配送时效高、配送成本低；劣势：投入大、获客成本高。
平台+到家	京东到家、淘鲜达、饿了么、美团外卖	平台通过与线下商超、零售店等合作，为消费者提供服务。优势：模式轻、上线快；劣势：平台不控货，无法把控产品质量。
社区团购	美团优选，饿了么生鲜自提、食享会	招募小区业主或便利店店主等作为社区合伙人，由合伙人收集用户订单，平台统一处理配货，用户在社区自提商品。优势：获客成本低；劣势：SKU受限

数据来源：根据网络资料整理汇总

平台到家模式供应链示意图

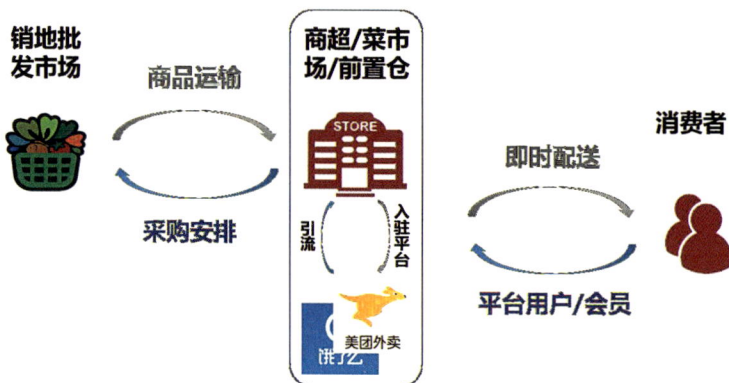

平台到家模式正在演化社区电商模式，在竞争中，成为生鲜销售的主流。原因有二：一是配送效率提高。通过干线、支线、城配三级集约配送模式，社区电商可以把消费者在平台上购买的任何商品在第二天配送到全国各

地的消费者手中。社区电商"中心仓 - 网格站 - 团点"发射状的网络布局，可以确保商品在第二天配送到全国的任何一个角落，包括偏远地区的小山村。二是节省配送成本。比如社区电商模式下，配送一棵葱和配送一捆葱的成本几乎没有区别，运费很便宜；而第一代快递履约配送模式下，配送一棵葱和配送一捆葱的成本相差就要几十甚至上百倍。

3. 生活服务业的新升级

传统的集贸市场依然在生活服务业中起到重要作用。通过数字化手段打通线上与线下，实现全方位的数字化，有效帮助管控菜场和菜品溯源，这些集贸市场正在升级为智慧菜场。"智慧菜场"可以将菜品通过外卖送货上门，扩充菜场的服务范围、提高便利性；政府可以借助数据中台、大屏幕等设备观察每个摊位的经营执照信息、商品信息、单价和产地；菜场运营者和商户通过大数据更好匹配菜品的供需，减少采购浪费，最终推动传统农贸市场采购规模化标准化。

4. 生活服务业的新融合

著名的沙县小吃在全国门店超 8.8 万家，年营业额达 500 多亿元，辐射带动 30 万人创业致富，类似的还有兰州拉面、安徽板面等，线上线下融合的双主场模式已成为餐饮行业发展的重要方向，这些品牌小吃需要新的增长点，需要适应数字化时代的发展。一般来说，这类餐饮虽有统一品牌，但是没有统一管理，数字化升级是很大难题。因此，他们的数字化升级需要梯子，需要平台企业在流量、技术、数据等各方面助力，同时也需要在地政府充当"催化剂"，把商户们组织起来，推动品牌整体融入数字经济。

美团和沙县政府的协作是一个很好的案例。沙县县委书记杨兴忠表示，"数字化是沙县小吃转型的核心。沙县小吃集团和美团的合作，是中国小吃产业数字化升级道路上的重要里程碑。相信在美团的助力下，沙县小吃将步入新的转型快车道，为推动城市化和乡村振兴做出更多贡献。"

根据协议，双方将依托美团平台启动连锁品牌正规化建设专项，打造沙县小吃集团加盟店特色标识，为获得商标授权的门店进行品牌打标，在用户端建立统一的品牌认知，提升线上流量。届时，全国 8.8 万家沙县小吃门店有望拥有线上新"名片"。美团将以六大服务为核心，促进沙县小吃数字化转型升级，为富民产业注入数字时代新活力。"

在数字化人才培养方面，双方将共同成立"美团·沙县小吃数字化运营中心"，培养"外卖运营师"专业人才，制定数字化运营操作规范，定期进行运营诊断和指导；开展线上线下培训，全面提升从总部到门店的数字化运营水平。此外，美团将为沙县小吃新店免费提供大数据选址服务，提升门店获客能力。同时将提供覆盖多种经营场景的餐饮 SaaS 系统以及配套的软硬件产品、服务。未来双方还将落地智慧门店样板店，制定品牌、服务、经营示范标准，并在供应链、资金结算等领域展开合作探索。

三、生活服务业数字化的未来

虽然生活服务业数字化转型已经释放出巨大产业红利，但从全方位、多角度、全链条数字化改造的角度看，依然存在很多差距。由于服务业以中小企业和个体商户为主，受制于规模小、布局散等特点，《中国生活服务业数字化发展报告（2020 年)》指出：我国生活服务业仍然有"80% 的服务业没有数字化"的市场存量。实现传统服务业的数字化、网络化、智能化，不仅发挥数字技术对业态的放大、叠加、倍增作用，还要从制度设计、公共服务等方面进行谋划。

1.数字化红利空间依然很大

发达国家的生活服务业数字化大多超过了 50%，所以我国服务业数字化红利还有较大空间。事实上，零售、物流、餐饮、出行、酒旅、教育等百姓生活层面的服务业实体产业，有很大一部分已经发展到线上或已经实现了线上与线下相融合，但占总规模的比重仍然不高。从生活服务、商家经营的覆盖面来看，我国广大的中西部地区，老龄化群体以及数量庞大的三四五线城市居民，同样有现实的数字化服务需求，但针对他们的服务业数字化程度还远远不够。因此，从服务业数字化普惠的角度看，无论是线下还是线上，产业数字化还有很大的增长空间。

服务业数字化转型主要从两方面带来广阔的市场价值。一是挖掘产业数字化带来的效率价值，二是挖掘数字化产生的生态价值。从服务业的内部需求和发展阶段来看，产业数字化已经不可逆转，疫情时代，存留下来的企业都体会到到数字化的重要性。数字化转型可以推动企业找到新的增长方式。

2. 有关部门需要提供的政策支持

生活服务业的数字化要行稳致远，还需要解决哪些关键问题？

一是将"生活服务数字化"列为政府民生工程。政府部门可以为生活服务业数字化创造更多应用场景和公共服务。要鼓励龙头企业通过 PPP（政府和社会资本合作）模式参与数字基础设施建设，将"三配"（配送员、配送站、配送品）相关内容的基础设施纳入城市基础设施建设。强大的基础设施可以为生活服务业提供强大的支撑。

二是通过政策支持等方式鼓励线下农贸市场等零售渠道数字化升级。全面数字化最终想要实现的是销售数据实时、采购信息互通共享、采购环节建档溯源，从而实现采购环节规模化、流通环节透明化，并最终反哺上游，让农户生产有全面的价格、销量数据支持，提升整体供应链效率。

三是培养生活服务业的数字化专门人才。有关部门出台政策措施，鼓励建设更多的"美团沙县数字化运营中心"。还需要数字品牌、供应链运营、门店管理等专业化人才。

过去的五年，我国先后经历了零售业数字化、制造业数字化、城市治理数字化。从今年开始，服务业也将搭上数字化的快车，为我国经济提质增效、健康发展做出更大的行业贡献。

数字化助力服务业小店发展

——我国服务业小店经济活力分析和发展对策

小店关乎经济，情系民生。2020年6月，美团研究院针对服务业小店的发展情况开展了问卷调查（共回收有效问卷1.2万份），调查结果显示，员工人数5人及以下小店的占比为89.4%，年营业收入少于50万元的小店占比达88.7%。广东、江苏、浙江、山东、四川五省的小店经济活力领跑全国，上海、北京、广州、深圳、成都五城的小店经济活力位居前五。小店经济是典型的长尾市场，汇集成万亿级别的大市场。像毛细血管一样扎根各个城市的小店，不仅提供多元化的服务，还能彰显一方风土人情。为了发展和繁荣小店经济，建议重视下述方面的工作：优化发展环境，提升服务业小店发展质量；夯实生活服务业新基建的支撑作用，强化数字化赋能；加强对服务业小店的人才培训支持，提升服务业小店从业人员的技能。

一、服务业小店的发展概况及区域特征

（一）服务业小店的发展概况

2020年6月，美团研究院针对服务业小店的发展情况开展了问卷调查

（共回收有效问卷 1.2 万份，以下简称"问卷调查"）。问卷调查结果显示，我国服务业小店的员工人数大部分为 5 人及以下，员工人数 5 人及以下小店的占比为 89.4%，其中，员工人数 3 人及以下的小店的占比为 68.8%。年营业收入少于 50 万元的小店占比达 88.7%，这也说明小店的集中度不高，长尾特征非常明显。服务业小店的创业方式以自己单干或者夫妻店为主，占比高达 67.2%，与合伙人和朋友一起创业的比例为 31.6%，1.2% 的小店属于其他（见图 1、图 2）。餐饮小店是大部分人实现创业梦想的第一阵地和选择，问卷调查结果显示，57% 的餐饮老板在开店之前为企业工作人员、小生意人和农民。

服务业小店员工数量分布 （图1）　　　　**服务业小店创业方式分布** （图2）

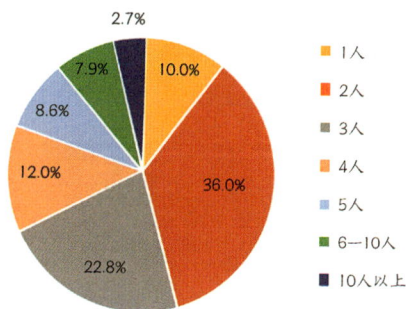

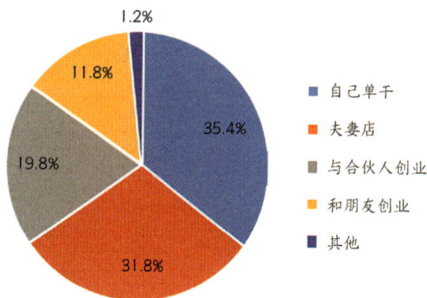

图1图例：
1人 10.0%　2人 36.0%　3人 22.8%　4人 12.0%　5人 8.6%　6—10人 7.9%　10人以上 2.7%

图2图例：
自己单干 35.4%　夫妻店 31.8%　与合伙人创业 19.8%　和朋友创业 11.8%　其他 1.2%

资料来源：美团研究院 2020 年 6 月开展的服务业小店发展情况调查，有效问卷 1.2 万份。

美团平台大数据显示，2019 年，数百万小店在美团平台获得订单和收入，涉及服务品类达 260 多个，包括餐饮品类 39 个、休闲娱乐品类 27 个、购物品类 24 个。美团平台上的几百万服务业小店总体发展形势较好，供给质量持续提升，评分 4 星以上的小店商户占比为 39.5%；美团收银餐厅管理系统覆盖 50 多万家餐饮小店，智能设备覆盖率快速上升；小店的消费活力日益凸显，2019 年，美团小店消费订单为百亿级别，交易金额为千亿级别，且保持了较高的增长速度，2019 年交易总金额同比增长 22.1%。

（二）服务业小店发展的区域特征

总体而言，服务业小店存在"散、小、弱、差"的特征，依靠生活服务电子商务平台的力量可以帮助服务业小店实现供给集聚合力、增强消费者吸引力、实现数字化发展，这是提升小店竞争力的重要途径。我们可从小店供给能力、小店消费活力、数字化水平三个方面来分析小店经济活力，其中，小店供给能力包含品类覆盖、线上小店商户占比、高评分小店商户占比三个指标，用于评估地区供给丰富度、供给数量和供给质量；小店消费活力包括消费金额、消费金额同比增长率两个指标，用于评估地区消费规模和消费增长潜力；数字化水平包括小店线上化率和收银管理系统覆盖率两个指标，用于评估地区数字经济发展水平和智能设备等科技应用水平（见图3）。

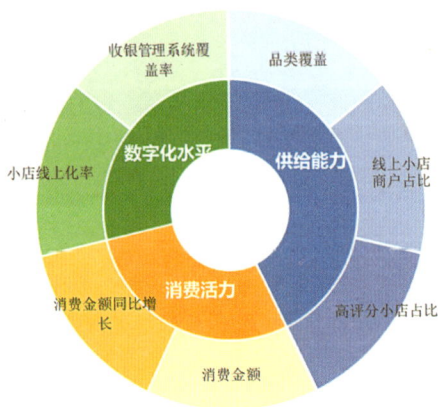

服务业小店经济活力评价体系 （图3）

资料来源：美团研究院。

美团研究院根据美团平台大数据对全国31个省份（不含港澳台地区）和36个城市（包括4个直辖市、27个省会城市、5个计划单列市）的小店经济活力进行了比较分析，主要结论如下：

1. 华东、华南等区域的小店经济活力较强

从区域来看，小店经济活力 TOP5 区域为华东、华南、华北、西南、华中（见表1）

服务业小店经济活力区域排名　（表1）

序号	区域排名
1	华东
2	华南
3	华北
4	西南
5	华中
6	东北
7	西北

资料来源：美团研究院。（注：排名不包含港澳台地区）

2. 广东、江苏、浙江、山东、四川五省的小店经济活力领跑全国，多元化的小店服务彰显一方风土民情

分省份来看，小店经济活力强的 TOP10 省份（不包含港澳台地区和4个直辖市）为广东、江苏、浙江、山东、四川、河南、湖南、辽宁、湖北、福建（见表2）。从 TOP10 省份分项表现来看，广东、四川、湖北、河南、福建在小店供给能力上表现亮眼；广东、江苏、浙江、山东、四川在小店消费活力方面表现强劲，远高于其他省份；广东、辽宁、福建、湖北、湖南在小店数字化方面表现优秀（见图4）。

服务业小店经济活力 TOP10 省份排名 （表2）

序号	省份排名
1	广东省
2	江苏省
3	浙江省
4	山东省
5	四川省
6	河南省
7	湖南省
8	辽宁省
9	湖北省
10	福建省

资料来源：美团研究院。（注：排名不包含港澳台地区和4个直辖市）

服务业小店经济活力 TOP10 省份的分项表现 （图4）

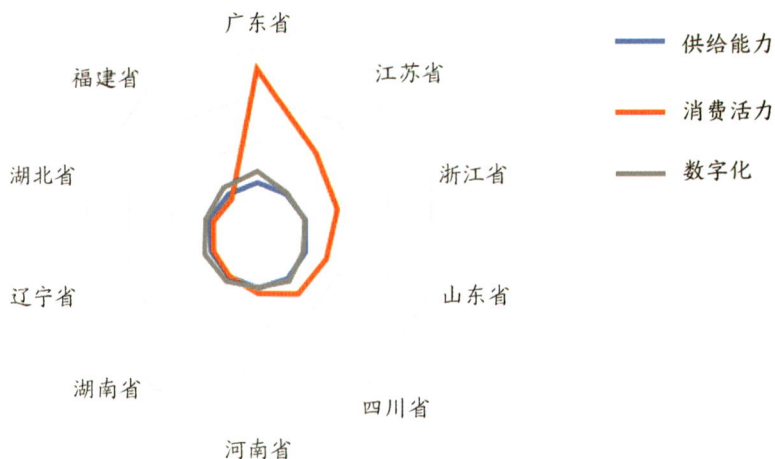

资料来源：美团研究院。

以广东省为例，美团平台上收录的广东省生活服务商户约 300 万家，有交易的小店数量约 70 万家，线上化率为 22.8%。2019 年，美团平台上广东小店的交易品类有 236 个，品类覆盖率高达 86%，评分 4 星以上的小店商户数量占比达到 39.7%。单省份小店消费金额在全国小店消费总金额中的占比达到 14.1%，且保持了较高的增长速度；美团收银餐厅管理系统在广东餐饮小店中的覆盖率为 19.0%。

像毛细血管一样扎根各个城市的小店，不仅提供多元化的服务，还能彰显一方风土人情。如吉林人民喜好洗浴桑拿，上海人民热衷美容美发养发，文艺青年喜好云南的民宿酒吧，山东人民喜好美睫纹绣，各式各样的消费需求在各具地方特色的服务业小店中得到了满足。

3. 上海、北京、广州、深圳、成都的小店经济活力位居国内城市的前五位，各城市小店优势特色明显

从城市来看，小店经济活力强的 TOP10 城市为上海、北京、广州、深圳、成都、重庆、杭州、西安、武汉、南京（见表 3）。

小店经济活力 TOP10 城市排名　　（表3）

序号	城市排名
1	上海市
2	北京市
3	广州市
4	深圳市
5	成都市
6	重庆市
7	杭州市
8	西安市
9	武汉市
10	南京市

资料来源：美团研究院。（注：排名不包含港澳台地区）

从 TOP10 城市的分项表现来看，上海、成都、北京、西安、广州在小店供给能力上表现亮眼；上海、北京、深圳、广州、成都在小店消费活力方面表现强劲；广州、西安、深圳、成都、北京在小店数字化方面表现优秀（见图5）。

服务业小店经济活力 TOP10 城市的分项表现　　（图5）

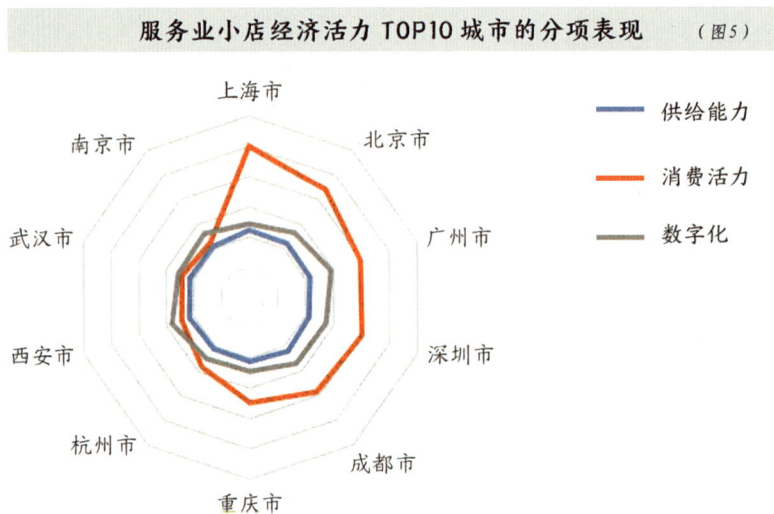

资料来源：美团研究院。

以上海市为例，美团平台收录的上海市生活服务商户约70万家，有交易的服务业小店数量约21万家，线上化率为30.7%。2019年，美团平台上上海小店的交易品类有231个，品类覆盖率高达84%，评分4星以上的小店商户数量占比达到38.1%；单个城市的小店消费金额在全国小店消费总金额中的占比达到4.8%。分品类来看，上海市交易金额排名前五的小店消费品类为餐饮、酒店、丽人、休闲娱乐、购物，美团收银餐厅管理系统在上海餐饮小店中的覆盖率为13.1%。

从小店消费喜好 TGI 来看，通过对上海、北京、广州、深圳、成都五个城市的比较分析可以看出，上海市在丽人、购物、教育培训、结婚等品类优势明显；北京市在丽人、生活服务、医疗、运动健身、亲子等品类表现优异；广州市在餐饮、酒店等品类表现优异，深圳市在餐饮、结婚等品类表现优异；成都市在民宿、酒店、休闲娱乐、医疗、运动健身等品类表现优异（见图6）。

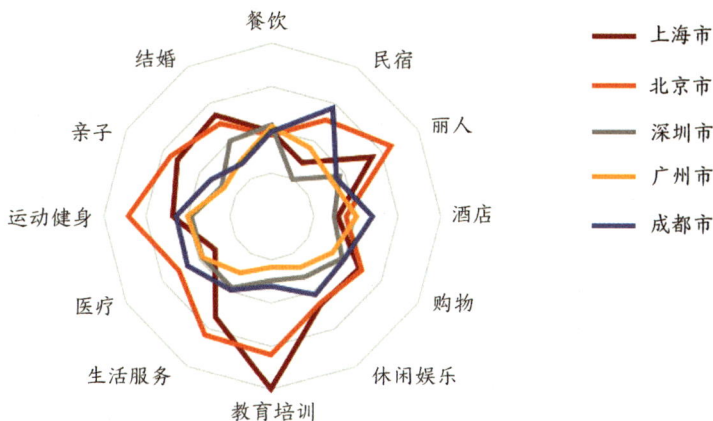

TOP5 城市小店经济的品类喜好（根据消费 TGI 喜好判定）（图6）

资料来源：美团研究院。

二、数字化平台在小店经济发展中的作用与价值

近年来，伴随着我国以平台经济、共享经济为代表的数字经济的兴起，互联网平台已经成为我国生产力新的组织方式、经济发展的新动能，对小店经济的发展壮大产生日益重要的作用与价值。

（一）平台为小店发展提供了获客与营销新渠道，创造新的营收来源

获客难与不擅长营销是当前我国小店发展的主要瓶颈。一般意义上说，线下小店的经营业绩很大程度上受店面经营位置等因素的影响，主要面向周边1公里的社区，经营半径有限，在店面租金特别是黄金地段租金持续攀升的背景下，企业经营压力增大。与此同时，我国服务业小店的经营方式较为传统，不少小店属于传统的夫妻店，并不具备通过数字化渠道获客与营销的

能力。

在此背景下，生活服务电子商务平台的价值凸显。通过发展线上外卖等业务，平台创造了新消费场景，既为满足居民的服务消费需求提供了便利，也为服务业小店实现了引流和创收。如在线上外卖领域，2015—2018 年我国在线外卖收入年均增速为 117.5%，是整体餐饮业增速的 12.1 倍，对餐饮业的发展起到了重要推动作用。线上业务的发展与繁荣，对线下业务发展形成有益补充，刺激了新的消费需求，形成线上线下良性互动的局面，为服务业小店的发展提供了获客、营销等多元化营收增长动力。问卷调查显示，服务业小店对美团平台最满意的前 5 项数字化服务分别为外卖、线上团购、线上点单、线上推广以及线上排期（见图 7），主要集中在获客与营销两个领域。

服务业小店对美团平台数字化服务最满意的领域 （图7）

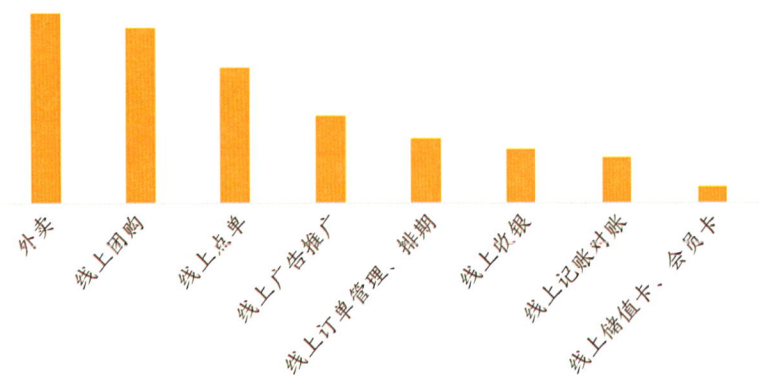

资料来源：美团研究院 2020 年 6 月开展的服务业小店发展情况调查，有效问卷 1.2 万份。

新冠肺炎疫情防控期间，由于线下经营不景气，线上成为众多服务业小店拓展业务、实现生存和发展的主渠道，平台为服务业小店发展提供了获客与营销的重要渠道和动力。美团平台大数据显示，2020 年 2 月，服务业小店的营业额曾出现断崖式下跌，从 3 月起逐步恢复，到 5 月份，服务业小店的营业额实现了"V"形复苏（见图 8）。

服务业小店消费复苏情况 （图8）

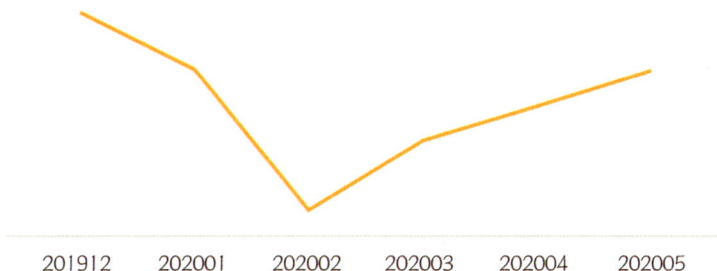

201912　　202001　　202002　　202003　　202004　　202005

资料来源：美团平台大数据。

　　"孖记士多"是广州的一家小吃老店，日常情况下，店里每天都有客人排队。疫情发生后，"孖记士多"的营业额骤然降到平时的 1/4，最差时只有平时营业额的 10%，甚至无法覆盖租金和员工工资。2020 年 2 月 7 日，"孖记士多"向美团平台申请上线外卖业务。上线的第一天卖出了十单外卖，外卖订单量随后持续增长，到了第五天，外卖订单量过百，后来又增至 200 多单，外卖创造的营收相当于疫情前堂食创造的营收的 2/3。随着疫情防控形势的好转，孖记士多重新开放了堂食，但对外卖仍然非常重视，今后的发展策略是实现线上线下一体化经营。通过开通外卖服务，像"孖记士多"这样的"老广州的记忆"挺过了难关，迎来了新的发展契机。

　　（二）平台提升小店经营管理信息化水平，有助于提升小店经营效率、降低经营成本

　　经营管理方式落后是制约服务业小店发展壮大的短板。客观而言，经营管理信息化水平的提升对小店发展可产生较为明显的降本增收的效果。我国多数小店提升经营管理信息化水平、实现数字化发展的意愿很强，但自身的能力和资源不足。以美团为代表的生活服务电商平台在行业深耕多年，拥有资本、技术、数据等方面的优势，研发出了面向服务业小店的餐厅信息管理系统（RMS）等信息化服务，强化了对小店的技术支持，不仅帮助小店节约了人工等成本，也提升了小店的经营管理效率和用户满意度，为小店的

转型升级注入新动力。问卷调查显示，小店商户在经营管理上使用最多的数字化服务为线上点单（包括餐饮下单、预订生活美容服务等），占比高达35.6%，其他依次为线上订单管理排期、线上收银、线上储值卡与会员卡以及线上记账对账等（见表4）。

服务业小店使用的经营管理数字化服务 TOP5　　（表4）

排序	服务类别
1	线上点单（包括餐饮下单、预订美甲服务等）
2	线上订单管理、排期
3	线上收银
4	线上储值卡、会员卡
5	线上对账记账

资料来源：美团研究院2020年6月开展的服务业小店发展情况调查，有效问卷1.2万份

"小确幸"是一家立足上海的足疗小店，通过数字化运营管理系统无缝对接美团平台，实现了"无人管店"。系统接到美团平台的订单后，会根据该店相关技师时间、床位安排实现自动分配。不仅如此，在数字化系统下，"小确幸"采用区域技师运营策略，每个按摩技师为整个区域服务，随订单移动。配套的后台系统也可独立显示每家店的经营情况、实时技师数量等数据。凭借这套系统和美团流量的结合，目前"小确幸"线上化订单的占比已超过90%，其中来自美团平台的线上化订单达到总量的70%—80%。在管理上，"小确幸"只设置2个区域管理员，门店内无须前台、收银等工种。短短5年时间内，"小确幸"从一家小店发展成为拥有32家小店的连锁店，成为可复制的小店数字化模板。

（三）平台为小店发展提供融资、供应链等多元服务，为小店的供给侧数字化转型提供了新动能

小店的数字化转型不仅仅包括需求侧，也涵盖供给侧。供给侧数字化转

型不仅可以促进企业降本增效，还能与需求侧数字化形成联动效应，推动行业发展整体效率的提升。我国小店特别是服务业小店的需求侧数字化已经达到较高的水准，但供给侧数字化仍有很大的提升空间。以美团为代表的生活服务电商平台的发展壮大，使得许多服务业小店享受到了数字化红利。如美团"快驴"业务通过餐饮食材供应链数字化，发挥拥有海量餐饮行业信息数据、了解客户需求的优势，进一步深入餐饮行业的上游，让商家获得价格优惠、质量可靠的产品及进货服务。

重庆美团三快小额贷款有限公司为美团平台上的小微企业和个体工商户提供经营性贷款服务，主打产品是无须抵押、无须担保、方便快捷的信用贷款——"美团生意贷"。美团生意贷由系统自动审批，最快15秒审批、1分钟放款，全程无手续费，降低小店信用审核成本，使资金可以精准触达小店，解决小店的融资难题，提高资金使用效率，促进行业健康发展。

三、发展小店经济意义重大

（一）小店经济是典型的长尾市场，汇集成万亿级别的大市场

我国已经进入服务经济主导阶段，服务消费呈现出个性化、特色化、均衡化等方面的特征，再加上收入水平、知识水平、生活习惯的不同，服务需求差异化特征明显。服务业小店规模小、经营灵活，能够深入社区和居民生活，提供各种各样个性化、低频次的服务和产品，如特色餐饮、密室逃脱、美甲美睫、音乐培训等，是典型的长尾市场，数量众多的特色小需求加总起来可以形成万亿级别的大消费、大市场。

（二）小店经济是一种有效的产业供给方式，符合当前我国经济社会发展的阶段性特征

小店经济本质上是一种产业供给方式，而且这种供给方式适应我国经济社会发展的阶段性特征，也能满足消费者的消费需求。大力发展小店经济，

营造宽松便捷的准入环境，进一步优化营商环境，激发微观主体的活力，对于提振经济、缓解就业压力、满足消费需求具有重要意义。一是发展小店经济能够促进就业。就业是民生之本，小店经济的门槛相对低，上手快，可以提供大量就业岗位。根据市场监管总局公布的数据，截至 2020 年 3 月 15 日，全国实有各类市场主体 1.25 亿户，其中个体工商户 8353 万户。根据 2019 年第四次全国经济普查的数据，一家个体工商户可带动 2.37 个人就业，由此可推算出我国个体工商户吸纳了约 1.98 亿人就业。二是发展小店经济能够促进消费。小店商户的运营成本相对较低，创造了便捷、可及的消费场景，可以让利消费者，促进消费。

四、发展小店经济、提升服务业小店发展质量的政策建议

小店关乎经济，情系民生。2020 年国务院《政府工作报告》指出，保障就业和民生，必须稳住上亿市场主体，尽力帮助企业特别是中小微企业、个体工商户渡过难关。为了发展和繁荣小店经济，建议重视下述方面的工作：

（一）优化发展环境，提升服务业小店发展质量

一是创新监管理念和方式，实行包容审慎监管。比如，可区分大中型餐饮和小餐饮的实际情况，对符合申请食品经营许可条件的，探索食品经营许可的告知承诺制、信用审批制、一证多址等创新做法，优化许可准入服务。对达不到许可条件，但符合食品安全卫生基本条件的小餐饮业态，依法依规深化登记备案管理。实现餐饮行业许可和登记备案 100% 全覆盖，解决餐饮行业准入难题，确保餐饮行业持有合法经营资格。依法清理禁止取得登记备案等合法经营资格的小餐饮入网经营的法规政策，破除限制竞争、有碍线上线下融合发展的制度障碍。推动法规政策完善，依法明确允许取得登记备案证明的小餐饮商户，可以同时从事线下经营和网络经营。

二是鼓励小店树立持续的经营理念，注重品质和口碑提升，无论是在线

上或线下开展业务都要注重品质，树立品牌和形象，提升专业特色，打造"小而美、小而精"的小店经济发展格局。

三是合理规划商业设施，为服务业小店发展提供载体。按照均衡化、便利化原则为小店经济发展提供空间，如结合"一刻钟生活服务圈"建设，大力发展社区商业，为小店经济发展提供必要的载体；坚持工作和生活融合，在产业集聚区布局一批休闲娱乐、教育培训、医疗健康、特色餐饮、生活美容等生活服务特色小店；强化商圈、步行街建设，通过精细规划科学搭配一批特色户、精致化小店，打造服务消费生态，提升区域经济活力。

（二）夯实生活服务业新基建的支撑作用，强化数字化赋能

一是通过数字技术改造小店的服务场景，提升服务消费体验，如利用全息投影技术营造精美服务环境；二是支持小店使用数字化、智能化支持系统，如使用自主点餐、收银收单系统提升服务效率等；三是发挥生活服务电子商务平台连接"大市场"功能，为众多小众、低频、新服务的小店提供消费者流量支持，培育休闲娱乐、运动健身、教育培训、生活美容等众多个性化服务市场，汇集大消费；四是发挥生活服务电子商务平台连接众多小店的"媒介"作用，支持平台提供金融、营销、配送等方面的服务，实现对小店的精准帮扶。

（三）加强对服务业小店的人才培训支持，提升服务业小店从业人员的技能

小店商户规模小，无法依托"组织"实现"干中学"，进而积累人力资本。根据美团研究院开展的问卷调查，很多服务业小店反映职业技能提升有困难，需要进行有针对性的培训。建议依托职业培训学校、互联网培训等多种渠道，建立有针对性、低成本、可触达的培训体系，支持美团大学等互联网教育平台发展，依托行业协会、专家学者、高技能员工等各方力量，研发更具针对性的课程，将线上和线下培训方式有机结合起来，提升服务业小店从业人员的技能。

本篇关键词

小店经济：以小型店铺为主，促进大众就业、服务改善民生、驱动多元化消费的经济形态。小型店铺，通常指面向居民消费的餐饮、批发、零售、住宿、家庭服务、洗染服务、美容美发、维修、摄影扩印、配送服务等行业的个体工商户，雇员 10 人以下或年营业额 100 万元以下的微型中小微企业及年营业额 1500 万元以下的网店。小店经济是一个城市总体经济的毛细血管，承载着城市经济活动的动力，同时也是驱动城市经济多元化及创新的重要机制。

社区电商：社区电子商务（ESN）是针对具有社区属性的用户，在县城、乡镇、村、社区进行的网上交易行为，对用户而言提供了一种更为便捷的社区在线销售方式，具有快速、高效、低成本等特点。

无接触配送：无接触配送是为了抗击新冠肺炎，在特殊时期推出的应急措施，指将商品放置到指定位置，如公司前台、家门口，通过减少面对面接触，保障用户和骑手在收餐环节的安全。在 2020 年抗击新冠肺炎疫情的特殊时期，美团外卖率先推出"无接触配送"服务，2020 年 12 月 16 日，"无接触配送"入选国家语言资源监测与研究中心发布的"2020 年度中国媒体十大新词语"。

直播带货：直播带货指通过互联网平台，使用直播技术，进行近距离商品展示、咨询答复、导购的新型服务方式。其具体形式可由店铺自己开设直播间，或由职业主播集合进行推介，不仅更具亲和力、互动性，还绕过了经销商等传统中间渠道，直接实现了商品和消费者对接，往往能做到全网最低价。2020 年 12 月 4 日，"直播带货"入选《咬文嚼字》2020 年度十大流行语。

新职业篇 ■

灵活就业人员达 2 亿
新职业释放就业增长潜力

　　2020 年是中国历史进程中极不寻常的一年。新冠肺炎疫情与百年大变局交织，严峻挑战与重大机遇并存。面对这样的形势，稳就业成为最大的民生工程。一年来，各项"稳就业"政策持续发力，多举措并施、多路径共存，有力确保了就业形势稳定，民生之本更加坚固。

　　疫情背景下，鼓励"灵活就业"①成为稳就业保就业工作的一个重要方面。家宴厨师、"大 V"博主、共享员工……灵活就业新形态蓬勃兴起，凭借容量大、进入门槛低、灵活性和兼职性强等特点，成为吸纳就业的重要渠道。2020 年，灵活就业从业人员规模达 2 亿，充分发挥着就业调节阀的积极作用。

　　同时，新职业迅速发展壮大并成为激发经济社会活力的重要因子。专业的卡路里规划师，为客户量身定制健康管理方案；职业的宠物烘焙师，为宠物设计各种有营养、有个性的食物；广受欢迎的收纳整理师，用专业的家居整理、收纳方案和服务让居家空间更美好……2020 年，人力资源和社会保障部共发布 2 批次 25 个新职业，发布的速度与频率明显加快。特别是在疫

---

　　① 灵活就业是指以非全日制、临时性和弹性工作等灵活形式就业的就业形态，网约配送员（骑手）、自由职业的作家等都是灵活就业的代表。

情防控期间，核酸检测员、社区网格员、呼吸治疗师、老年健康评估师……这些新职业、新业态与日俱增，不仅为满足人们日益增长的美好生活需要提供了多元的产品和服务，也为许多人的创业和就业创造了新的机遇。

新就业形态的蓬勃发展，也推动着组织形式更加丰富、就业观念更加多元。从劳资雇佣关系到和人借助平台自主工作、从按时打卡上下班到随时随地工作，新就业形态展现出灵活性强、包容性强、自由度高等特点，发挥着传统就业难以替代的优势，也为新经济、新模式的发展注入了新动能。而硬币的另一面，如何而完善创业带动就业、多渠道灵活就业的保障制度，让灵活就业的质量更高，也成为各方都关注的议题。

站在承前启后的历史关键节点远眺，我国正处于经济社会数字化转型的攻关期，新的劳动形态、新的就业方式、新的就业路径不断涌现。与此同时，新职业、新业态发展的制度供给从理念走向实践，社会保障得到增强，培训生态日趋完善，资源整合更加迅速。随着制度供给的进一步充裕，让有志向的人有事业，让有本事的人有舞台，让新就业形态走在"希望的田野"上，不仅将为兜住民生底线、稳住经济基本盘贡献力量，也将为中国经济行稳致远创造更多可能。

▶ 全国稳就业提前交卷
灵活就业发挥调节阀作用

国家统计局发布的《2020 中国经济年报》显示 ①，全年城镇新增就业1186 万人，完成全年目标的 131.8%，我国稳就业交出了一份令世界瞩目的答卷。

在新冠肺炎疫情带来严峻挑战的背景下，2020 年就业形势总体稳定并好于预期，提前 2 个月完成全年目标，灵活就业的带动作用不容忽视。在拓宽就业渠道、增强就业弹性、增加劳动者收入等方面，灵活就业充分发挥着"蓄水池"和"调节阀"的作用，成为不少人就业的新选择。

肖斗林是湖北恩施的一名厨师，拥有 7 年从业经验的他擅长川菜、土家菜、湘菜等菜系美食的烹制。疫情防控期间，肖斗林工作的餐厅闭门歇业，暂时赋闲在家的他浏览本地新闻时，看到一条"家宴厨师"的招聘信息，抱着试试看的心态提交资料报了名。审核很快通过，肖斗林的上门服务也赢得了顾客的好评，本来还为工作发愁的肖斗林打开了一扇新职业的大门。随着餐饮业的逐渐恢复，肖斗林回到原餐厅上班的同时，继续承接来自网络的"家宴"订单，这让他常常从工作日忙到周末，"感觉很充实，回头客越来越多，顾客的评价也都非常好，我现在充满干劲。"

跟肖斗林一样，受疫情影响而灵活兼职的人群不在少数。34 岁的闫宏是沈阳市的一名话剧导演，有时也会参与电影拍摄。疫情发生以来，全国各

---

① 2021 年 1 月 18 日，国家统计局发布《2020 中国经济年报》，链接：http://www.gov.cn/zhuanti/2020zgjjnb/index.htm。

地剧场关闭，原定的电影拍摄也无法开机。2020 年 4 月，闫宏成为一名众包骑手，"穿梭在城市各个角落，接触不同的人群，让我体验到了以往不曾有过的工作感受，也保障了基本的生活收入。"

　　家宴厨师、兼职骑手、"大 V"博主、网约车司机……正是这些可单干、可兼职、可全职的灵活就业形式，极大地丰富了我国就业市场，降低就业门槛的同时扩大了就业容量，让受疫情影响而闲置的人力资源得到充分开发。智联招聘报告指出，截至 2020 年 11 月，18.7% 的白领在一年内拥有过副业或灵活就业。[①] 领英大数据也显示，新冠肺炎疫情导致的延期复工或在家办公期间，超过六成职场人开展或计划开展副业和兼职，78% 的人表示疫情结束后仍会在本职工作外继续兼顾副业和兼职。[②]

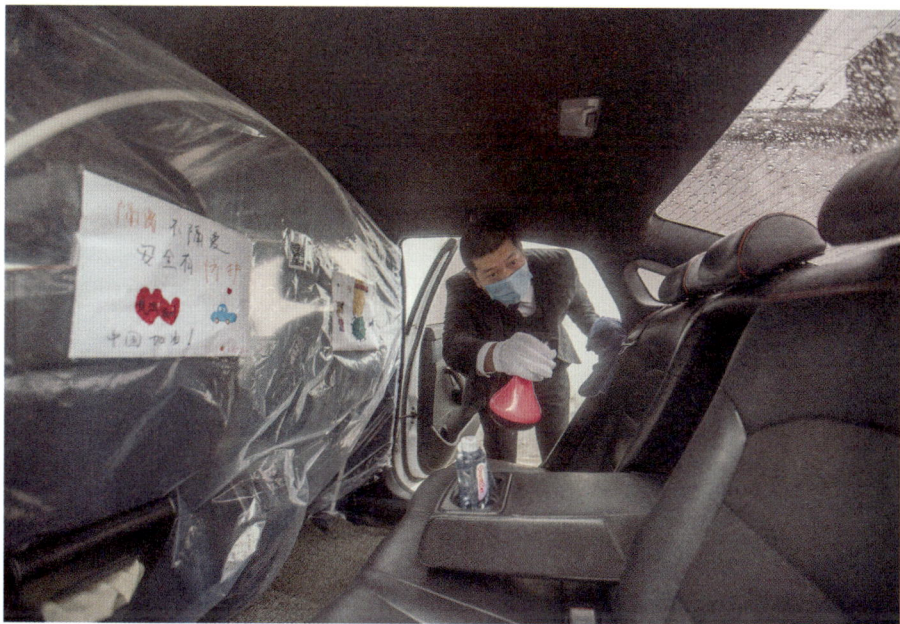

疫情下的网约车司机，正在为车辆消毒

---

① 2020 年 11 月 2 日，智联招聘正式发布《2020 年白领秋季跳槽及职业发展调研报告》，链接：https://finance.sina.com.cn/china/gncj/2020-11-02/doc-iiznezxr9455615.shtml。

② 2020 年 3 月 2 日，全球职场社交平台 LinkedIn（领英）基于会员、企业大数据和问卷调研发布报告，链接：https://www.sohu.com/a/451098155_120699695。

人力资源和社会保障部数据显示，目前我国灵活就业从业人员规模达 2 亿左右，一定程度上缓解了高校毕业生、农民工群体等重点人群的"就业难"问题。百度披露的数据显示，2020 年上半年百度文库知识店铺的开店商家超过 4 万家，新增内容 1.5 亿条，直接带动了近 100 万兼职或全职的内容创作者灵活就业。[①] 美团数据显示，2020 年上半年，新增骑手 138.6 万人，吸纳了大量的二产、三产从业人员，骑手这一灵活就业形态为受疫情影响的就业群体提供了过渡性就业机会。

疫情期间骑手工作吸纳了大量的二产、三产从业人员

问卷调查结果显示，35.2%的骑手来自工厂工人，31.4%的骑手来自创业或自己做小生意的人员，17.8%的骑手来自办公室职员。（表4）显示了排名前十的骑手工作来源。从（表4）可以看出，疫情期间骑手工作吸纳了大量的二产、三产从业人员。

35.2% 工厂工人 | **31.4%** 创业或自己做小生意 | **17.8%** 来自办公室职员

排名	1	2	3	4	5	6	7	8	9	10
工作	工厂工人	创业或自己做小生意	办公室职员	销售	建筑工人	服务员	快递员	厨师	务农	人力招聘和管理
占比	35.2%	31.4%	17.8%	17.4%	15.2%	15.1%	13.3%	12.0%	10.5%	4.1%

2020 年上半年骑手工作来源 TOP10

资料来源：美团研究院《2020 年上半年骑手就业报告》。

随着社会各界对灵活就业的认可度与参与度越来越高，灵活就业成为国家稳就业政策的有力抓手和重要发力点。2020 年 2 月 23 日召开的统筹推进新冠肺炎疫情防控和经济社会发展工作部署会上，习近平总书记指出："要全面强化稳就业举措。要实施好就业优先政策，根据就业形势变化调整政策力度……要支持多渠道灵活就业，解决个体工商户尽快恢复营业问题。"[②]2020 年 7 月 28 日，国务院办公厅正式下发《关于支持多渠道灵活就

---

① 参考链接：http://science.china.com.cn/2020-08/17/content_41258995.htm。
② 习近平：《在统筹推进新冠肺炎疫情防控和经济社会发展工作部署会议上的讲话》，《人民日报》2020 年 2 月 24 日。

业的意见》①，明确提出支持发展新就业形态，实施包容审慎监管，促进数字经济、平台经济健康发展，创造更多灵活就业岗位，吸纳更多劳动者就业。

数据统计发现，2020 年全年共召开 43 次国务院常务会议，其中"稳就业"出现了 16 次，"灵活就业"出现 17 次之多。此外，国家发改委等 13 部门联合印发的《关于支持新业态新模式健康发展激活消费市场带动扩大就业的意见》②中，也提出要探索多点执业和多雇主间灵活就业，支持建立灵活就业"共享服务"平台，提供灵活就业供需对接等服务。

在中央政策的宏观指引下，各地方政府也纷纷加码灵活就业，如浙江省《关于进一步做好稳就业工作的实施意见》提出合理设定流动摊贩场所、鼓励灵活就业。北京市也在《全力做好稳就业保就业工作措施》等文件中鼓励企业采取共享用工、非全日制等灵活用工方式。

从中央到地方，丰富多元的政策"工具箱"强化了就业服务的政策供给，进一步清理取消了对灵活就业的限制。如果说政策的全面"松绑"为灵活就业打开了更大的发展空间，在中国经济发展新动能中不断培育与壮大的新职业，则为灵活就业注入了内生的源头活水。

2020 年，新职业发布的速度明显加快。2 月 25 日，人力资源和社会保障部向社会发布了智能制造工程技术人员、连锁经营管理师、网约配送员等 16 个新职业；7 月 6 日，人力资源和社会保障部再次向社会发布了 9 个新职业，包括互联网营销师、社群健康助理员、老年人能力评估师等。除了进入职业分类大典的新职业，还有不少从业者尚未形成规模但已经伴随新兴行业发展而呈现良好发展态势的职业，如共享电单车换电员、宠物烘焙师等。

---

① 2020 年 7 月 22 日，国务院办公厅下发《关于支持多渠道灵活就业的意见》，链接：http://www.gov.cn/zhengce/content/2020-07/31/content_5531613.htm。

② 2020 年 7 月 15 日，国家发展改革委、中央网信办、工业和信息化部、教育部、人力资源和社会保障部、交通运输部、农业农村部、商务部、文化和旅游部、国家卫生健康委、国务院国资委、市场监管总局、国家医疗保障局等部门联合印发《关于支持新业态新模式健康发展　激活消费市场带动扩大就业的意见》，链接：https://www.ndrc.gov.cn/xxgk/zcfb/tz/202007/t20200715_1233793.html。

　　这些新职业大多来自新兴和热门的领域，与人们的日常生活息息相关，在各个垂直领域创造了更多的灵活就业岗位，为更多人打开了新的就业空间。例如，作为城市慢行交通系统下的共享电单车行业，不仅是民众中短途便捷出行的热门选择，还催生了共享电单车换电员这一新职业，为不少曾在工地、餐馆打工的农民工群体提供了灵活的就业机会。

　　新冠肺炎疫情对健康的严重威胁，加速了健康新职业的爆发，如呼吸治疗师、健康照护师、核酸检测员等，这些新职业在创造就业岗位、吸纳就业的同时，也在疫情防控中作出了积极贡献。夏金根是中日友好医院的一名呼吸治疗师，在武汉连续抗疫 67 天，其工作主要是根据病理和生理特点，为呼吸功能不全的患者提供各类呼吸支持治疗和气道管理等临床操作技术，为治疗新冠肺炎提供重要的生命支持。

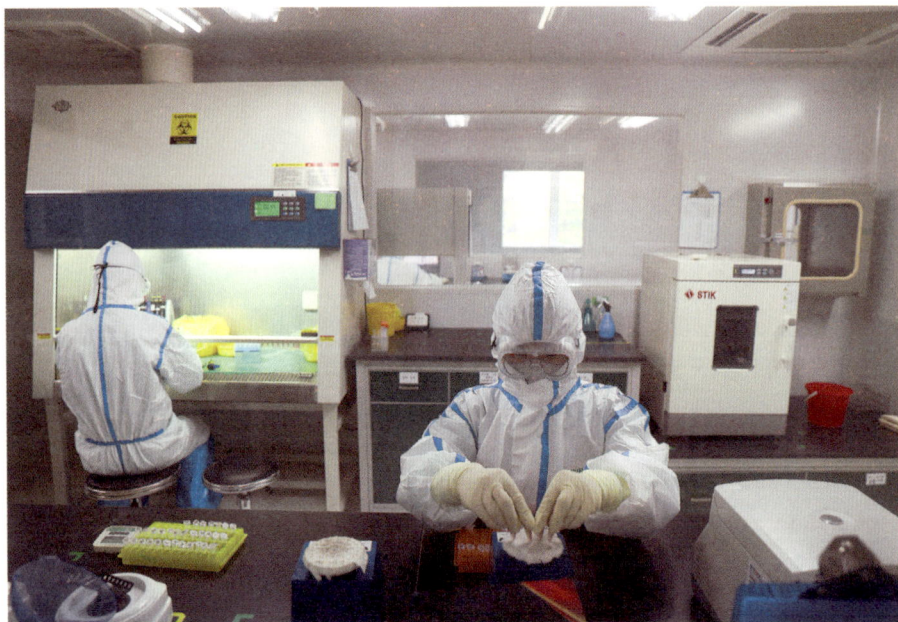

疫情下诞生的新职业——核酸检测员

　　随着各大垂直业态所需的新职业逐步诞生，与之相适配的产业链前端、后端也催生出更多的新岗位，不断扩容灵活就业的"蓄水池"。以直播电商为例，除了后端的技术运维，仅在前端，就有网络主播、主播经纪人、场景包装师、直播讲师、直播编辑、选品师等新岗位不断涌现。

透过如雨后春笋版涌现的新职业眺望，从数字化就业到情感劳动、从远程就业到共享员工，灵活就业的形态与模式也在快速更迭演变。对此，2020年全国两会期间，习近平总书记在政协联组会上指出，疫情突如其来，"新就业形态"也是突如其来。对此，我们要顺势而为，让其顺其自然、脱颖而出。①

灵活就业等新就业形态要真正脱颖而出，离不开更加开放、多元的就业观念的推动。无论是网约配送员、代驾、网约车司机，还是主播、短视频作者、共享员工，这些灵活就业岗位都具有任务碎片化、工作弹性化的特点，对于年轻群体有着较强的吸引力，同时也赋予了社会更加多元的价值观念。

在此背景下，灵活就业对于从业者更具求职指引意义。一方面提供了更多灵活的就业选择，拥有充分的灵活性和自主权，拓宽了从业者职业成长路径；另一方面，从业者也意识到"专业"的重要性，多向输出自己的特长、技能和资源，能够实现自身价值的最大化。今年48岁的密室逃脱设计师王戈，开过旅馆和网吧，做过编辑和文案，后来选择投身密室行业，成为一名独立密室主题设计师。三年时间里，王戈一共研发了25个主题，每个主题城市版权售价2000—3000元不等。这些主题被售卖到100多个城市，也正是凭借这份灵活就业工作，王戈年收入达到百万元，在长春过上了不错的生活。

疫情防控期间，灵活就业有效扩大了部分群体特别是学历不高、手艺不强，或因疫情短暂失业的就业群体的就业规模。不容忽视的是，灵活就业从业人员身份多元、劳动关系复杂、劳动方式各异等特征，也给传统劳动关系和社会保障制度带来了新的挑战。完善灵活就业从业者的职业发展通道，还

---

① 《习近平总书记同出席2020年全国两会人大代表、政协委员共商国是纪实》，新华网，2020年6月14日。

需要政府、行业和互联网企业拧成一股绳，以更强大的合力不断扩大就业蓄水池，创造更多新就业形态和灵活就业机会，稳定社会就业，保障和改善民生。

VR指导师：设计专业流程方案，帮助玩家快速适应虚拟现实

灯光打开，绿幕开启，戴上VR眼镜，一位"90后"小姑娘开始挥舞手柄，另一侧的屏幕里，姑娘变身为手拿光剑、不断击落目标的游戏女主角。而她身旁站着的VR指导师郑尼加，则全神贯注地关注着她的情况，防止眩晕等问题出现。

郑尼加是HaloM光环影域虚拟现实的VR指导师。他的工作内容主要是设计专业的流程方案，帮助玩家快速适应虚拟现实。"喜欢VR的顾客们通常好奇心更盛，冒险性更强，在进行基本的VR指导后，就可以让顾客自己探索游戏的乐趣。"郑尼加说道。

事实上，郑尼加要设计的专业流程方案，远非简单地告诉玩家怎么操作那样简单。由于VR具有沉浸性、交互性和构想性，在电脑模拟出的虚拟世界中，使用者可以通过视觉、听觉、触觉等感官的模拟获得身临其境的感受。因此，不少新手玩家不可避免地面临眩晕感等问题，而老玩家则寻求不同的游玩体验。

而体验前的VR指导只是工作中的一部分，即便经过了基础指导，在游戏过程中，顾客因为虚拟场景过于逼真而受到惊吓是常有的事，VR指导师需要及时去安抚顾客的情绪，尽可能保障他们的游戏体验。

曾经有一位70多岁的老奶奶到店里体验，郑尼加详细询问了老人的身体状况后，针对老人的喜好及健康情况精心推荐了一款操作难度较低的游戏，并耐心地向老奶奶讲解了操作要领，告诉她遇

到任何不适一定要向自己寻求帮助。尽管如此，在老奶奶玩游戏的过程中，郑尼加一刻也不敢放松地盯着老人，生怕出现任何意外。"直到老人摘下 VR 眼镜结束游戏，我才松了一口气。"郑尼加说。

有人认为 VR 指导师的工作就是教客人玩游戏而已，郑尼加认为他们忽视了这一职业对专业性的要求。比如，VR 游戏大部分都是英文版，汉化游戏比较少，对 VR 指导师的英语水平提出了一定的要求。当然，超强的沟通能力也是 VR 指导师必不可少的技能。

"当然，如果有新项目出现，我们也是首批测试的人，我们的体验结果往往决定了这些 VR 项目能否顺利上架。"郑尼加说。目前，他已经通过这份职业积累了丰富的从业经验，未来计划回到自己家乡开一家 VR 体验馆，让更多人体验到虚拟现实的乐趣。

创业即就业　云端个体户激发微经济活力

街边小吃店里忙活的夫妻，贩卖着天南海北小物件的摊主，服装批发市场里的小生意者……回望 40 余年前，改革开放的春雷催生了无数传统个体户，从走街吆喝到居市经商，他们享受着市场经济带来的发展红利，也激活了人们创新创业的信心，演绎了中国民营经济一个又一个传奇故事。

随着互联网与数字经济的崛起，作为个体户 2.0 版本的云端个体户应运而生。所谓云端个体户，是指依托数字技术提升效率、通过互联网企业提供在线服务的个体。云端个体户凭借自己的知识、经验、技术等优势实现云就业或云创业，其提供服务的效率和范围也更高更广，在个人创业创新方面拓展了更大的想象空间。

职业"UP 主"小刘，在某短视频 APP 拥有 60 多万粉丝。从小就喜欢篮球的小刘，在上大学之前，就经常利用课余时间制作球星精彩集锦视频上传到网上，到现在已经 5 年了。"刚开始上传视频纯粹是出于爱好，分享自己喜爱的球星集锦，还可以遇见志趣相投的朋友。后来才发现做视频可以赚钱，现在一个视频的播放量、点赞量和粉丝赠送的硬币数量等都可以转化为真实的收益，职业选择变得更加新颖多样了。"通过制作视频挣到了人生"第一桶金"，小刘坚定了专业从事视频创作的创业道路。

陈文飞是某文学网站的签约作家，今年 27 岁的他总创作量已超 1000 万字。"知识付费已经完成了大众教育，尤其是年轻群体，对知识付费的认知偏差几乎不存在，各类基于知识传播的平台越来越多，可供创作的题材、内容也越来越丰富，更加蓬勃的创作时代正在到来。"陈文飞的创作是关于云南地区的神奇传说，每天，网站上都有忠实读者守候他的更新，他会花两三个小时写作，并用一两个小时与读者沟通，回答读者的问题。相较于被称作"创作者"，陈文飞更愿意把自己看作是"创业者"或"内容人"。

视频 UP 主、网文作者、知识博主、美妆主播……越来越多富有才华和特长的个体不断融入互联网，成为新个体户从业者中的一员。他们通过在线整合资源提供个性化的输出，在拓宽网络创业空间的同时，也解决了自身的就业问题，实现了创业即就业。

浙江杭州，美妆主播"大大大雪梨 Shirley"的工作和生活

2020 年初新冠肺炎疫情暴发，更多的机会出现在线上，为敏锐的个体户提供了新的商机，云端个体户迎来快速增长的窗口期。重庆的"猪八戒网"是云端个体户聚集的网站之一，网站数据显示，疫情防控期间注册人数增长了 2 至 3 倍。[1] 淘宝披露的数据显示，2020 年淘宝增加了 20 万名"淘创大学生"。[2] 数据表明，伴随着从业者数量与市场规模的迅速壮大，云端个体

[1] 《启动数字经济新引擎——15 种新业态新模式创造中国发展新机遇》，新华社 2020 年 7 月 15 日报道，链接：https://baijiahao.baidu.com/s?id=1672293703133431828&wfr=spider&for=pc。
[2] 《国家统计局：直播带货、电商增加新型就业，淘宝一年带动 5000 万个》，链接：https://www.sohu.com/a/413492048_118792。

户在带动就业以及挖掘新需求等层面的势能也得到了充分释放。

更进一步，从经济社会数字化转型的视角审视，云端个体户的涌现是中国个体经济与时俱进的又一重要里程碑。云端个体户所扎根的领域大都属于微经济，这些深耕细分领域、圈层文化的从业者们利用各种社交媒体、电商APP和直播APP等，发挥创新动力和创造活力，输出微产品与微服务，就如同一个个微小而又充满能量的经济细胞，积少成多积微成大，对于激发经济活力、刺激消费市场都具有积极意义。

作为经济花园里的新兴事物，云端个体户的发展离不开国家政策的扶持。2020年7月15日，国家发改委等13部门联合发布《关于支持新业态新模式健康发展，激活消费市场带动扩大就业的意见》①，为云端个体户的健康发展铺平了可行而至的路径。《意见》围绕云端个体户的痛点和难点靶向发力，提出进一步降低个体经营者线上创业就业成本，提供多样化的就业机会；支持微商电商、网络直播等多样化的自主就业、分时就业；引导降低个体经营者使用互联网平台交易涉及的服务费等。政策的"精确制导"锚定一个清晰的远景，即以极大的广度和极深的深度来拓宽网络创业的空间，为互联网时代的新兴个体经营扫除"拦路虎"，让更多人能投身新一代个体户的创业大潮。

拉长时间轴来看，云端个体户已经被赋予了等同于传统个体经营的经济地位，而不同之处在于前者从一开始就瞄准了互联网创业这一清晰的成长方向。可以说，云端个体户自诞生起便带有深刻的互联网烙印，也正是这一独特的互联网属性解放了从业者们，让他们从"公司＋雇员"的传统模式转变为"网络＋个人"的自由结合。

---

① 2020年7月15日，国家发展改革委、中央网信办、工业和信息化部、教育部、人力资源和社会保障部、交通运输部、农业农村部、商务部、文化和旅游部、国家卫生健康委、国务院国资委、市场监管总局、国家医疗保障局等部门联合印发《关于支持新业态新模式健康发展　激活消费市场带动扩大就业的意见》，链接：https://www.ndrc.gov.cn/xxgk/zcfb/tz/202007/t20200715_1233793.html。

　　云端个体户与互联网天然的血脉关联，也吸引了多家数字企业的加码扶持。2020年6月，针对APP上的个体教育内容创业者，抖音、今日头条、西瓜视频等字节跳动旗下应用宣布推出"学浪计划"，三方投入百亿流量为k12、语言教学、高考、考研、职业教育等严肃教育内容提供流量支持，并为相关创业者提供运营培训、变现指导等一揽子服务。京东推出的"超新星计划"，通过为新型个体户提供社群电商基础设施，带动了近200万人成为云端个体户。

　　在国家政策宏观指引以及数字企业市场赋能的共同驱动下，云端个体户不断增多，并随着新经济、新方式的发展而逐渐分化为两类群体。而无论哪一种，都已经成为备受年轻人欢迎的创业就业新选择。

　　一类是以提供销售为主的个体经营形式，通过各社交媒体、个人号、社群以及短视频等打通销售场景，借助互联网工具连接消费者，实现对商品的销售。典型的代表是电商主播，一个摄像头加一个麦克风就可以开始工作，

湖南省永州市道县白芒铺镇竹山村红心火龙果基地，正在做直播的主播

其中的佼佼者如李佳琦、薇娅等人已经成为全民关注的标杆案例。需要指出的是，电商主播、带货主播等个体户方式是线上创业的一个重要领域，这是因为随着数字经济向生活场景的进一步渗透，人们的消费习惯也将随之发生变化，社会大众将更多基于场景下单购买。

另一类是通过知识技能在互联网企业创业的云端个体户，比如文字功底深厚的可以做文案写手，平面设计师可以为电商公司做图片设计等。2020年8月，王猛创建的店铺正式在猪八戒网开张，毕业于美术学院的他是一名平面设计师，通过提供设计服务获取收入。从第一个月的1万元到现在月入5万—8万元，王猛感慨道，"是那一笔在网上接到的价值700元的企业介绍PPT设计订单让我上了路，也坚定了我继续创业的决心"。

对于"90后"和"00后"而言，推理游戏"剧本杀"①已经成为社交新宠。一些热衷"解谜探案"的年轻人，还将"剧本杀"作为自己创业的选择。毕

正在玩"剧本杀"游戏的年轻人

---

① "剧本杀"，是玩家到实景场馆，体验推理性质的游戏。

业于澳大利亚新南威尔士大学金融分析专业的李汝敏，曾从事投行工作，出于对线索推理的热衷，转行成为一名"剧本杀"编剧，他创作的剧本单本独家售价可达 1.6 万元，高产时期月收入能达到 3 万元至 5 万元。在文娱消费需求日趋丰富的当下，"剧本杀"成为一块新的掘金地，而具备原创能力的剧本杀编剧，也成为吸引年轻人云创业的职业新起点。

从改革开放初期的"个体户"到 40 余年后的"云端个体户"，字面差异的背后，凸显的是中国数字经济蓬勃发展的巨大红利，也折射出新生事物的旺盛生命力。需要指出的是，云端个体户奔赴更灵活、更富创造力的美好远景，并不能掩盖其缺少关注引导、培训扶持以及权益保障和制度规范等种种问题。这些介于云端个体户从业者与平台之间的权责关系，都还有待进一步的梳理与重塑，如何在其间寻求平衡点以实现多方共赢，已经成为亟须探索的话题。

沉舟侧畔千帆过，病树前头万木春。从业者们应当以更积极的心态看待前进道路上的困难和曲折，并在不断的改革和创新中加以克服和解决。这是因为，一种新兴事物的成长成熟，总是经历萌芽、获得肯定再到接受规则的约束与保障的过程。

不难看出，决策层和有关职能部门对于充分发展云端个体户已有全面认知，鼓励从业者的措施也在迅速开展施行。可以期待，随着适应新形势、新业态的权益保障等政策日益完善，云端个体户将登上更为波澜壮阔的时代舞台，不仅有利于缓解就业压力，激活和拉动消费增长，更有利于培养创新创业精神，进一步培育并增强我国经济的新活力与新动力。

"90后"退伍军人成为整理师，破除行业"成见"①

28岁的李清龙是四川省攀枝花市米易县人。2020年5月，他通过网络认识了整理师这一职业，并产生了浓厚的兴趣。"看到整理师整理衣物的场景，就像看到自己在部队和战友们一起整理内务的场景。部队内务整理要求很高，我觉得自己有能力胜任这份工作。"2020年9月退伍后，李清龙没有过多犹豫，毅然选择到成都投身于收纳整理行业中。

由于吃苦耐劳、综合素质高，李清龙开始在团队崭露头角。2020年11月，他开始经营自媒体账号，宣传推广整理收纳小技巧。目前，李清龙在网络上已经拥有20多万名粉丝。整理师加上自媒体，如今，李清龙每个月都能收入上万元。

有不少人认为整理师的工作就是到客户家里叠叠衣服、收拾收拾就行了，其实并非这么简单。到客户家实地考察、设计整理方案、实施整理工作、整理后教客户如何维护……李清龙说，"要对空间进行合理规划，遵循客户的生活习惯设计方案，从前期策划到后期整理，最长的单子需耗时一周"。

由于大部分客户都是女性，对女性衣物和化妆品的认识不够，是李清龙刚开始工作时遇到的第一个难题。后来，他利用空闲时间逛女性服饰店、化妆品店，在网上搜集相关资料边学习边做笔记，总算顺利克服了这个困难。

李清龙表示，其实很多人对于整理师这个行业抱有一定"成见"，除了对工作内容不了解，还有人认为整理师行业的从业者大

---

① 《"90后"退伍军人整理师：网络推广整理技巧冀破除行业"成见"》，中国新闻网，2021年1月13日。

部分都是年龄偏大的女性，而自己想努力破除这些"成见"。"据我了解，大部分从业者其实都是年轻人。我现在所在团队全部都是'90后'，其中70%是男性。"

在自媒体上，李清龙主要分享一些收纳整理的技巧。他希望借此让大家看到并了解收纳整理这个行业，学习收纳整理知识，让更多人拥有干净清爽的家。"还有不少人联系我，咨询从事这一行业的规则和必备的素质，我都一一解答，其中有不少退伍军人。"

作为一名整理师，李清龙的家中十分整齐，被子也叠成了"豆腐块"。他说，参军的经历对自己现在的事业发展而言意义重大，军队培养了他认真负责的品格，也锻炼了他整理的能力。"未来我计划组建一支专门由退伍军人组成的整理师团队，我相信这会是一支高标准、专业素质过硬的队伍。"

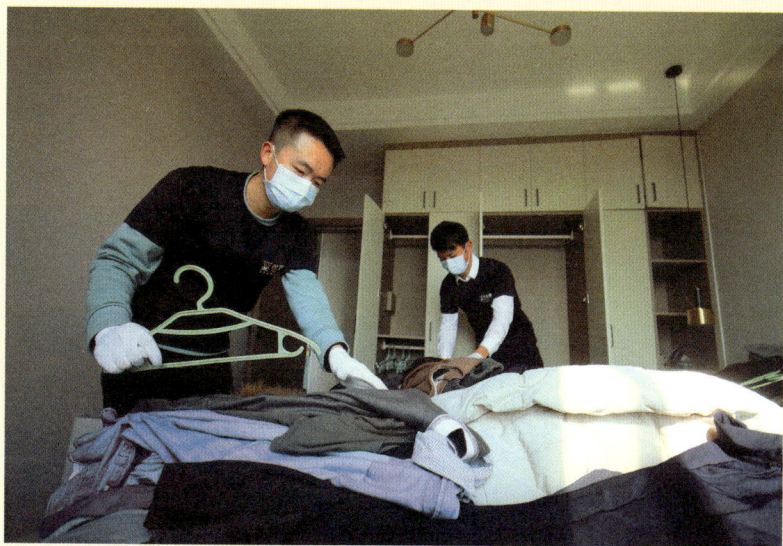

李清龙与同事在客户家中整理衣物

一天 700 单，小农户如何成为"新农商"？

周开伍是重庆江津中山古镇的一位普通妇女。六年前，丈夫遭遇车祸，进行截肢手术，40 余万元的医药费掏空了他们的积蓄，一家老小的生活重担全压在了她的肩上。周开伍在古镇老街家门口摆摊，卖凉面、凉糕和饮料，以此为生计。

2020 年，周开伍在幼儿园做散工时，跟年轻老师网购。几个月后，她听朋友说买蔬菜水果也可以在网上下单，但需要一名"团长"组建团购群。于是，周开伍加入美团优选成了一名团长。周开伍的新工作，改变了一家人的生活状态，丈夫成了最忙碌的人，春节订单最多时，一天送了 700 多件商品，甚至没时间吃饭。

更多的改变发生在乡亲们的消费选择上。以往，老街上的居民和客栈的服务员，需要到山坡上的新街去买菜。而周开伍当上团长后，人们在群里下单，第二天就能收货。除了方便，周开伍还会提供远超过新街市集的品类选择，她的群聊记录勾勒出古镇的生活轮廓：有乡亲第一次尝到海鲜，不知道花甲要去沙，吃了一嘴沙子；有年轻人买了烤电烤炉，引发全镇的购炉风潮，驱走了山里的阴寒；过春节时，有人买了十多条鱼，养在水池中，祈愿新的一年"年年有余"。

这份生活清单上，承载着人们对新生活的向往。"之前集市上哪有海鲜？倒是有海带，水果也就那几种。"住在老街的老人说。而一位年近八旬的老人也会熟练点开美团优选 APP，清点优惠券："我有 47 个优惠券了，这个截止到 3 月 10 日，这个截止到 3 月 15 日，我晓得怎么用。"那些外出打工的年轻人回镇，周开伍的群里就会更加热闹，有人买了一个电烤炉，对付山里的阴寒很有效。转眼间，电烤炉成了美团优选上的热销品。

　　互联网改善了生活的质量，而未曾改变烟火中的质朴幸福，周开伍一家的生活水平有了质的改善。对于周开伍来说，相较于收入的提升，她更乐于看到丈夫精神的变化。如今，丈夫在忙碌之余拾起爱好，捣鼓音箱，又唱起了歌。他爱唱张学友、刘德华和韩宝仪的歌，也追逐最火的流行曲。最近，他喜欢那首春晚舞台上走红的《可可托海的牧羊人》，歌词中有陌生的雪山、戈壁与驼铃。听到歌声响起，周开伍知道，丈夫已走出车祸阴霾，重拾对未来的希望，而这是命运给她最大的馈赠。

周开伍准备送货

▶ 制度供给从理念走向实践
新职业少了"成长的烦恼"

共享员工风行一时巧解用工难，灵活就业自由接单受追捧，云端个体户线上创业忙，"斜杠青年"身兼数职引领潮流……2020年疫情影响下，数字经济加速向社会生活横截面渗透，由此催生的新职业、新形态、新模式层出不穷，不断释放市场主体活力，也为更多群体打开了梦想的大门。

硬币的另一面，灵活就业、云端个体户等新形态新模式尚处于发展的初期，未来能否行稳致远，尤为考验服务保障等制度供给的及时性与精准性。而以规范新形态新模式发展为目标的政策往往又会滞后于在实际需求驱动下诞生的新形态、新模式。对此，习近平总书记在中共中央第十九届中央委员会第五次全体会议上曾强调，要健全就业公共服务体系、劳动关系协调机制、终身职业技能培训制度。更加注重缓解结构性就业矛盾，加快提升劳动者技能素质，完善重点群体就业支持体系，统筹城乡就业政策体系。完善促进创业带动就业、多渠道灵活就业的保障制度，支持和规范发展新就业形态，健全就业需求调查和失业监测预警机制。[①]

过去一年，新职业、新方式发展的制度供给加速从理念走向实践，并逐渐从单向的引导进化为全面的生态扶持。人力资源和社会保障部在鼓励灵活

---

① 《中共中央关于制定国民经济和社会发展第十四个五年规划和二〇三五年远景目标的建议》，《人民日报》2020年11月4日。2020年10月26日至29日，中国共产党第十九届中央委员会第五次全体会议在北京举行，习近平受中央政治局委托作工作报告，并就《中共中央关于制定国民经济和社会发展第十四个五年规划和二〇三五年远景目标的建议》向全会作了说明。

就业人员参保缴费、做好社保关系转移接续以及灵活就业人员商业保险等方面就进行了一系列探索，包括延长灵活就业社保补贴和动态调整就业困难人员认定标准在内的利好政策，都为相关从业者创造了实实在在的福利。2020年3月，国务院办公厅印发的《关于应对新冠肺炎疫情影响强化稳就业举措的实施意见》① 中，取消灵活就业人员参加企业职工基本养老保险的省内户籍限制，为各类灵活就业人员参加职工基本养老保险清除了制度障碍。

在7月28日国务院办公厅印发的《关于支持多渠道灵活就业的意见》中，也包含了大量对现有政策和操作做法的突破。例如，"把灵活就业岗位供求信息纳入公共就业服务范围"突破了只有正规就业岗位才能进入公共就业服务范围的限制。下沉到地方政府，上海市总工会2020年初推出了"灵活就业群体工会会员专享基本保障"，灵活就业者加入工会并每年缴纳120元，就可以享受最高限额为80800元的综合保障。数据显示，政策推出后仅静安区就有近5000名快递员、护理员、家政服务员等灵活就业人员加入工会，享受这一保障。

这些举措有效创新了多元化的保障方式，适应了灵活就业的发展趋势，极大地增强了对灵活就业人员的社会保障力度。同时也应保持清醒的认识，灵活就业的灵活性、短期性、流动性以及非雇佣性等特征增加了社保覆盖的难度，未来还需要提供多层次、多元化的职业保障体系，以增强他们从事新就业形态和灵活就业的动力和稳定性。

新职业的发布在2020年也开启了加速度模式。数据统计发现，自2019年1月以来，国家已经公布了三批共38个新职业，包括网约配送员、互联网营销师等，其中2020年度就发布了25个新职业，占比高达65.9%。新职业加速发布，有利于建立动态更新的职业分类体系，完善职业标准体系，促进新职业的健康发展。

---

① 2020年3月20日，国务院办公厅印发《关于应对新冠肺炎疫情影响强化稳就业举措的实施意见》，链接：http://www.gov.cn/xinwen/2020-03/20/content_5493644.htm。

与此同时，各地方政府对新职业从业者的接纳度进一步提高，激励着新职业领域涌现更多的优秀人才。上海市崇明区 2020 年第一批特殊人才引进落户公示名单中，电商直播领域的李佳琦名列其中；杭州市余杭区政府公布的 12 条"直播电商"支持政策中，也明确提出具有行业引领力、影响力的直播电商人才可通过联席认定按最高 B 类人才享受相关政策；成都市发布的《成都市人才开发指引（2020）》中，高级收纳整理师、外卖运营规划师、直播经纪人等一批新职业人才需求首次进入人才白皮书，表明成都对新职业及新业态的培育驶入了快车道。

在各级政府频频出台的政策扶持之外，作为紧密连接新职业从业者的互联网企业，也针对新职业从业者推出相关保障举措，助力他们更好地发展。以外卖骑手为例，2020 年 11 月底，美团外卖推出"同舟计划"，这是外卖配送行业首个关注骑手体验和生态建设的行动计划，旨在从倾听骑手在内的社会各界声音开始，持续改善产品与服务，提升骑手体验和建设行业生态。截至 2021 年 1 月底，"同舟计划"召开了 76 场骑手恳谈会，超过 16 条新增建设性意见已纳入改进和迭代计划中；在硬件方面，升级版头盔、商家端智能取餐柜已经开始试点投放，骑手在线免费问诊也已经在全国 43 个城市上线。2021 年春节期间，"同舟计划"7 天时间内投入超 5 亿元配送津贴，全面升级骑手安全防护措施，为春节期间坚守一线的骑手提供补贴和福利，让骑手获得更高的收入。

滴滴打车也在持续关注司机权益的保障。2021 年春节期间，滴滴推出了一系列服务保障，包括从 2 月 4 日农历小年到 2 月 26 日元宵节，在北京、上海、广州、深圳、石家庄、沈阳、武汉、成都等 35 个主要城市设立近 200 个"滴滴年货站"，为司机发放食用油、大米、牛奶、春联等年货；发放 3 亿元春节坚守奖励；在司机端上线系列春节活动，同时邀请司机家属代表录制定制版拜年播报，让司机师傅可以听到来自家人的关心和叮咛。

除了劳动权益保障层面的大力"基建"，从业者开展职业教育与职业培训的需求在 2020 年越发迫切。郭嘉骊是一名美业门店数字化运营师，她认为做好本职工作最重要的是拥有数据分析能力，尤其需要熟练掌握如美团、抖音、小红书等应用的商业模式，并根据门店在各应用的数据情况调整战略规划，这不仅需要线下实战，更需要系统的知识培训。在她看来，新职业发展初期，很需要关注和正确的引导。人力资源和社会保障部的调研也表明，新职业普遍面临人才不足、人才结构需优化、缺乏统一培训标准等问题，96%以上的从业者希望获得相关的培训。值得高兴的是，针对新职业发展对职业技能培训提出的新要求，人力资源和社会保障部等部门已着手开始完善相关政策。

2020 年初，人力资源和社会保障部、财政部《关于实施职业技能提升行动"互联网＋职业技能培训计划"》中，鼓励劳动者参加线上职业技能培训，并明确 2020 年推出覆盖 100 个以上职业的数字培训资源、全年开展 100 万人次以上的线上职业技能培训的目标。5 月，人力资源和社会保障部启动了新就业形态技能提升和就业促进项目试点工作，浙江、广东、湖北、山东等 7 个省份 15 个地区成为全国首批试点地区，重点面向新就业形态的重点就业群体提供岗前培训和技能提升培训，促进其就业或稳定就业。

同时，在人力资源和社会保障部统一部署下，中国就业培训技术指导中心推出了新职业在线学习平台。截至 2020 年 6 月，平台已完成首批数字化管理师、人工智能工程技术人员、电子竞技运营师、无人机驾驶员、工业机器人系统操作员等 13 个新职业在线培训资源上线工作，基本满足学习者的学习需求。同期，平台还启动了 2.0 版本迭代工作，并新上线包括农业经理人等 11 个新职业的在线培训资源。此外，2020 年 12 月 31 日，教育部职教所公布"第四批职业教育培训评价组织和职业技能等级证书试点名单（1+X证书制度试点）"，包括"酒店收益管理"等在内的一批新职业资格证书成功入选，2021 年 3 月 31 日，酒店收益管理证书及标准在教育部职业技能等级证书管理平台正式发布，意味着新职业人才培养迈入了更为健康健全的成长生态。

平台型企业基于自身的实践、运营等经验形成的培训资源，是深入实施职业技能提升行动"互联网＋职业技能培训计划"的重要力量。疫情防控期间，人力资源和社会保障部还推荐了54家线上机构，包括阿里巴巴、美团、腾讯、华为、京东等大型互联网企业，在新冠肺炎疫情防控期间免费提供线上职业技能培训资源及服务。

部分职业技能培训线上机构

序号	平台名称及网址	平台资源简述
1	淘宝 https://daxue.taobao.com 阿里巴巴认证 https://alicert.taobao.com	涉及人工智能、电商及相关服务领域；主要有电商推广、电商运营、电商客服、美工、人工智能训练师等多个职业（工种／岗位）技能
2	钉钉职业技能培训在线平台 钉钉APP	涉及创新创业、新能源汽车、交通、安全、计算机操作、轻工工艺等领域；主要涵盖创业就业指导、新能源汽车技术、铁路交通运营管理、安全生产、纺织品设计、办公软件等10个以上职业（工种／岗位）技能
3	腾讯课堂 http://Ke.qq.com	涉及软件开发、网络安全、网络运营、网页设计、汽车维修等领域；主要包括前端工程师、渗透测试工程师、短视频运营、电商设计师、汽车维修工等40个以上职业（工种／岗位）技能
4	华为人才在线平台 https://e.huawei.com/cn/talent/	涉及电子测试、计算机操作领域；主要涵盖ICT工程师、云计算技术、大数据技术、物联网技术、人工智能技术、鲲鹏芯片技术、数据库技术等30个以上职业（工种／岗位）技能
5	精英学习平台 http://j.jdlearn.com.cn/	涉及物流、电商、人工智能、网络安全领域；主要包含物流仓储、供应链专业、电商运营、电商视觉设计、人工智能、网络安全等10个以上职业（工种／岗位）技能
6	美团 https://daxue.meituan.com	涉及互联网运营、配送业务、生活服务领域；主要涵盖互联网美业运营、互联网酒店营销、网络配送、配送运营、餐饮运营等10个以上职业（工种／岗位）技能

截至 2021 年 4 月，美团提供了超过 1.3 亿人次的线上培训，开发上线
3000 多门课程，内容覆盖餐饮、外卖、美容、美发、美甲、医美、结婚、
亲子、酒店管理等多个生活服务品类，加快了行业人才的知识更新与技能提
升。不仅如此，2020 年 8 月，美团还联合《中国企业家》杂志社、中国国
际电子商务中心共同发起成立的"服务经济人才发展委员会"，致力于通过
行业各界的建言献策，为科学研判服务经济发展和人才培养指明方向，共同
促进新业态人才发展，为中国服务经济发展注入新动能。

展望未来，鼓励发展新职业、新模式不能止于现有认知，更不能止于现
有政策措施，还要继续围绕"新"字做足文章。也就是说，无论是关系民生
根本的社会保障，还是关系可持续发展的职业培训，都有待在实践检验中拿
出与时俱进的解决方案，以更务实的态度让政策支持从纸上变成每一个从业
者实实在在的福利。

延伸
阅读

从倾听到行动，美团外卖推出"同舟计划"

2020 年 11 月 26 日，美团外卖七周年暨"骑手体验与生态建设"
沟通会上，美团外卖推出"同舟计划"，旨在从倾听骑手在内的社
会各界声音开始，持续推动改善产品与服务。

"同舟计划"也是外卖配送行业首个关注骑手体验和生态建设
的行动计划，将从工作保障、体验提升、职业发展、生活关怀四个
层面提升骑手体验与生态建设。具体包含以下内容：

（一）工作保障层面

将进一步加大智能头盔产能，2021 年开始批量投放，帮助骑
手更加安全地骑行；为了增强骑手的安全意识，增加了交通安全培
训频次，目前安全培训已经累计覆盖千万人次；还将加大研发投
入，推动配送路线高效合规。

（二）骑手体验层面

增加了骑手评价商户功能；针对骑手特殊原因造成的超时、投诉等问题，将升级骑手申诉处理流程，常规问题力求在 24 小时内解决；加快铺设智能取餐柜，目前已覆盖 18 个城市，后续将在全国落地；优化骑手 APP 界面、设立"老带新"常态机制，让有经验的老骑手们帮助新骑手，帮他们更好地融入和适应工作。

（三）职业发展层面

美团外卖从 2018 年起设立国内首个外卖骑手的专属节日"717 骑士节"，通过骑士节活动，让骑手们感受到尊重、感受到温暖，以此增强骑手的职业认同感；随着 2020 年初网约配送员正式入选"中国职业大典"，将为骑手构建更加科学的职业培训与成长体系，助力广大骑手实现更高质量就业。

（四）生活关怀层面

面向骑手推出"健康守护包"，覆盖骑手年度免费体检、免费在线问诊、日常小药箱、心理咨询、疾病医疗、重症住院以及大病关怀金；除了对骑手的关怀，美团外卖还注重对骑手子女的教育保障，为骑手子女免费提供海量在线网络课程，向贫困骑手主要来源地的乡村小学发起公益捐赠；此外，美团外卖发起的"袋鼠宝贝公益计划"，为全行业外卖骑手子女提供大病帮扶。截至 2020 年底已累计帮助 70 名骑手子女，其中来自美团外卖 55 名、饿了么 10 名、闪送 2 名、达达 2 名、KFC 送餐平台 1 名。

此外，2021 年美团外卖预计将举办 196 场骑手恳谈会，特聘 100 多名骑手作为首批"产品体验官"。针对骑手即将上线的新功能、新服务，"产品体验官"会首先参与测试，并针对骑手 APP 的操作逻辑、功能、规则迭代等提出建议；反馈的意见可以通过骑手 APP 对接产品负责人，意见一旦被采纳，将会享受美团发放的特殊津贴，同时在骑手 APP 上展示特殊勋章标识。

■ **专家观点**

新职业快速发展，
构建新发展格局下就业市场新增长点

张成刚

（首都经济贸易大学劳动经济学院副教授、中国新就业形态研究中心主任）

近年来，随着我国人工智能、物联网工程、大数据和云计算的广泛运用，新经济、新模式、新业态在我国迅猛发展，我国的产业结构不断优化升级，与此相关的产业成为我国经济新的增长点，其市场规模呈爆发式增长。这些产业的快速发展，使得相关从业者的数量大增，带动出现了一批具有相对成熟的专业和技能要求的新职业。新职业是产业发展的必然结果，是产业分工、整合和分化在就业领域内的体现，代表了我国产业发展的未来方向。

从 2019 年至今，人社部向社会发布了四批共 56 个新职业，既包括第一产业中的农业经理人，也有与数字经济密切相关的人工智能训练师，更有智能制造、区块链、工业互联网工程技术人员等先进制造业中前沿职业。除了已经公布的新职业外，还有大量与新产业、新模式相关的新职业在不断涌现。新职业的出现，对于引领产业发展、促进就业创业、加强职业教育培训、增强对新职业从业人员的社会认同度等都具有重要意义。新职业的诞生为社会创造了良好的就业机会，为劳动者特别是青年从业者提供了更为广阔的就业机会，改善了就业质量与职业发展，为经济发展奠定了基础。

新职业产生与发展的推动因素

从促进职业发展的成因来看，我国经济发展中，制造业向先进制造业升级、数字技术应用不断深化以及生活服务业新商业模式不断扩展成为新职业产生和发展的三大推动力。

先进制造业是相对于传统制造业而言，指制造业不断吸收电子信息、计算机、机械、材料以及现代管理技术等方面的高新技术成果，并将这些先进制造技术综合应用于制造业的全过程，实现制造业信息化、自动化、智能化、柔性化、生态化生产。其中，智能制造是建设制造强国的主攻方向，是中国制造业转型升级的重要方向。智能制造着力推广数字化技术、系统集成技术、关键技术装备、智能制造成套装备，增强软件、标准等基础支撑能力。智能生产是新一代智能制造系统的主线。智能工厂是智能生产的主要载体。构建新型制造体系，实施智能制造工程，不仅缩短产品设计研发周期，还可以在降低运营成本的基础上，提高生产效率和产品质量，提升制造业供给结构的适应性和灵活性，打造经济增长新动能。

以云计算，大数据，人工智能为代表的新一代数字技术，正推动中国互联网的发展进入到数字经济时代的深水区。随着数字技术深度渗透到实体经济中，为产业的数字转型创造了必要条件。根据相关调研报告，人工智能在以客服、美工及数据管理员为代表的场景纷纷落地，阿里巴巴平台86.5%的商家已开始使用人工智能产品，并且营业额规模与智能化工具应用呈正相关，月均销售额300万以上的企业智能化工具使用率达96.5%。超过八成商家认为智能化工具应用是他们提升生产效率的关键。

生活服务业新职业多产生于伴随数字经济而生或数字经济与传统经济结合而形成的新业态和新模式中。生活服务业新职业的涌现，背后是数字经济发展带来的变革与机遇：一方面，数字化创造了新消费需求，拓展了服务消费边界，促进了新业态的发展；另一方面，数字化新业态创造了新职业和新工种，创造了新的就业机会，而新职业人才的发展也会反哺地方的经济发展，对增强地方经济活力产生积极而深远的影响。

表1　新职业产生的三大推动力及相关新职业

智能制造产生的新职业	数字经济驱动产生的新职业	社会服务催生的新职业
智能制造工程技术人员 工业互联网工程技术人员 建筑信息模型技术员 装配式建筑施工员 无人机装调工 无人机驾驶员 电气电子产品环保检测员 工业机器人系统操作员 工业机器人系统运维员 增材制造设备操作员 城市轨道交通线路工 城市轨道交通列车检修工 高铁线路综合维修工。	区块链工程技术人员 人工智能工程技术人员 大数据工程技术人员 云计算工程技术人员 虚拟现实工程技术人员 物联网工程技术人员 互联网营销师 数字化管理师 人工智能训练师 物联网安装调试员 区块链应用操作员 信息安全测试员。	社区网格员 社区健康助理员 农业经理人 连锁经营管理师 供应链管理师 网约配送员 老年健康评估师 健康照护师 呼吸治疗师 核酸检测员 出生缺陷防控咨询师 康复辅助技术咨询师 在线学习服务师 全媒体运营师 电子竞技运营师 电子竞技员。

来源：本文作者根据国家相关文件总结

新职业已经成为就业市场新增长点

新职业发展迅速，人才缺口明显。新职业是我国劳动力市场发展迅速，人才紧缺，需求规模庞大的就业机会来源。根据人力资源和社会保障部发布的各新职业就业景气状况分析报告提供的预测数据，预计未来5年智能制造领域人才需求量将到达900万人，人工智能训练师人才缺口5年后将增长到100万以上，云计算工程技术人员的需求总量将达到150万人左右、物联网安装调试员的需求总量将达到500万人左右、无人机驾驶员的需求总量将达到100万人左右、农业经理人的需求总量将达到150万人左右、出生缺陷防控咨询师的需求量约为100万。

而以网约配送员为典型代表的新就业形态以灵活就业方式创造就业的能力更强。在美团平台对外公布疫情期间新增网约配送员数据中，疫情发生后，从 2020 年 1 月 20 日至 3 月 18 日，美团平台已经新招聘了 33.6 万骑手。网络营销师新职业也属于新就业形态类别。根据中国人民大学课题组测算，淘宝直播共带动上述直接和间接就业机会共 173.1 万个，其中交易型就业机会共 102.2 万个，新型岗位就业机会共 70.9 万个。

新职业扩展了就业的范围和形式，提升从业者就业热情。新职业扩展了劳动者的职业边界，降低了从业者参与成本，有利于劳动者职业发展。新职业开拓了劳动者的职业发展机遇，劳动者技能多样化、在线学习、网络培训、在家工作、做复合型劳动者等都已成为可能。

从业者选择新职业的主要原因是该职业属于新兴行业，发展前景好。中国新就业形态研究中心对新职业从业青年的调研样本中，80% 的智能制造工程技术人员认为该职业正在兴起，发展快、前景较好。54.63% 的从业者选择成为人工智能训练师是因为该职业属于新兴职业，具有良好的发展前景。从业者选择新职业，也因为新职业相对于其他职业而言，竞争程度相对较低，有更大的发展空间和职业成长空间。

各类新职业体现了多技能的高度融合，增加了从业者对新职业的兴趣。以人工智能训练师为例，不仅有传统技术与数据科学的融合，还有从数据采集，到数据存储、分析、应用、自动控制等过程的融合。随着人工智能落地应用的深化和进阶，技能的碰撞将不断增加，对人才发展提出了更高的要求，掌握多种技能，才能解决更加复杂的问题。中国新就业形态研究中心对新职业从业青年的调研样本中，50.93% 的人工智能训练师选择进入该新职业的原因是对该职业比较感兴趣。40% 的智能制造工程技术人员因为对该职业感兴趣而进入该职业。

新职业带动就业覆盖面广，更适配不同群体。新职业所提供的就业岗位覆盖了不同学历、各种技能群体。以"智能制造工程技术人员"、"人工智能训练师"、"网约配送员"三个新职业为例，学历要求与技能要求层次不同。

"智能制造工程技术人员"多需要大专、本科甚至硕士以上学历人才。"人工智能训练师"多需要中专、大专学历人才。"网约配送员"至少需要初中以上学历人才。各类学历群体劳动者都可以在现有的新职业中找到可以胜任的岗位。

新职业对准备进入劳动力市场的新生劳动力产生牵引效果。目前，新职业的从业者群体主要为青年从业者，"90后""00后"是新职业的主流人群。新职业不仅为青年从业者提供了发挥价值的空间，也对准备进入劳动力市场的学生产生牵引效果。这种效果主要表现为，一方面，部分高校、职业院校在新职业发布的影响下，开始考虑设置与之相关的专业，培养新职业相关人才。一边是新职业从业人员市场需求巨大，一边是受过新职业培训的人员非常少，这对高校与职业院校专业设置和办学针对性提出了更高的要求。特别是专业调整较为迅速的职业院校已经开始摸索与新职业相关的专业设置。例如，沈阳职业技术学院中德学院机电一体化专业（智能制造方向）2019级新生除了传统的机械电子基础知识外，还将学习工业数据管理的相关知识，为将来从事新职业做准备。一些社会力量也开始投入新职业的职业教育中。如美团大学最近就宣布，将联手100所院校推广"1+X"证书，建设数字生活学院和数字实训基地，与10个省份合作共建职业技能提升数字化平台。这种校企合作、校地合作办学，无疑将为新职业人才培养加速。

另一方面，新职业的出现也影响青年学生的职业选择和在学校阶段的学习。一些有前瞻性的青年学生会主动学习新的知识技能，适应新职业的职业技能要求，满足企业未来的用人需要。新职业的发布向社会各界，包括青年学生和学生家长释放了劳动力市场变化的信号，让青年学生在日常的学习中更加有的放矢，瞄准未来需求提前做好准备。

新发展格局下，推动新职业继续成长

就业市场的稳定和扩容将为构建以国内大循环为主体、国内国际双循环相互促进的新发展格局提供重要支撑。构建双循环的新发展格局，经济发展方式将会作出调整，将更强调供给侧结构性改革，强调内需驱动和创新驱动，强调质量变革、效率变革和动力变革，这要求就业市场的调整跟得上结构性调整的步伐，逐渐从低就业质量向高就业质量转变。在构建新发展格局中，新产业、新业态、新商业模式必将大量涌现，要求就业市场引导劳动力和人才源源不断流入，为新产业、新业态、新商业模式发展提供人力资源支撑。利用好新职业发展机遇，推动新职业发展，将为我国就业市场的稳定和扩容提供新的动力。为此，应考虑如下建议：

首先，应将新业态的职业技能培训以及平台企业对从业者的职业技能培训纳入公共就业服务以及职业技能补贴范畴。鼓励平台企业利用线上培训模式增加从业者的业务技能、服务技能和职业技能培训。完善平台企业终身职业技能培训，包括大规模开展职业技能培训，提高劳动者的数据技术应用能力、服务能力以及其他平台就业所需能力。

第二，应帮助青年转变就业观念，破除新职业青年从业者以"铁饭碗"和稳定工作作为职业发展终极目标的就业观念。向青年人宣传以提升自身技能和能力以适应不断变化的经济环境的就业观念，提升青年职业生涯适应力。推动青年劳动者从关注工资、待遇、安全稳定舒适的外在职业价值观转向关注职业是否富有挑战性、是否具有自主性、是否符合个人的兴趣爱好，是否能够发挥个人的智慧和才能等的内在职业价值观。

第三，应加强政策宣传和媒体宣传，提升劳动者对新职业的认识。由于新职业出现的时间较短，社会普遍对新职业的认知不足，甚至存在认知错误，这导致了企业和平台在吸引劳动者进入新职业要花费更大量的成本。同时，由于对职业前景的迷茫，新职业企业的人才流动率水平也高于传统企业。应加强政策宣传和媒体宣传，提升社会对新职业的普遍认知，鼓励和吸引更多劳动者进入新职业。

本篇关键词

灵活就业：指以非全日制、临时性和弹性工作等灵活形式就业的就业形态，网约配送员（骑手）、自由职业的作家等都是灵活就业的代表。

共享员工：指不同用工主体之间为调节特殊时期阶段性用工紧缺或富余，在尊重员工意愿、多方协商一致且不以营利为目的前提下，将闲置员工劳动力资源进行跨界共享并调配至具有用工需求缺口的用工主体，实现社会人力资源优化配置、员工供给方降低人力成本、员工需求方解决"用工荒"、待岗员工获得劳动报酬的多方共赢式新型合作用工模式。

新就业形态：新就业形态是指伴随着新一轮科技革命的发展和移动互联网、大数据、云计算等信息技术的运用而出现的一种新型就业形态。从政策角度看，新就业形态包含在灵活就业范畴内，是一种互联网企业组织的非雇佣的就业形态。

剧本杀：是一种玩家到实景场馆，体验推理性质的游戏。

呼吸治疗师：一种新兴的医学职业，其工作是在医生的指导下，对心肺功能不全或异常者给予诊断、治疗和护理。

整理师：是为个人、家庭、企业提供咨询服务的专业人士。作为一个整理师，负责为物品、环境、思路、规划等方方面面不够清晰的需求者提供帮助。在工作中通过协调人、物品，空间关系实现平衡。

云端个体户：指依托数字技术提升效率、通过互联网提供在线服务的个体经营者。

城市共治篇

聚焦"科技为民"
城市治理更加收放自如

　　城市是经济、文化、政务、环境等复杂业态相结合的有机生命体，城市的综合治理水平也是国家治理能力的重要体现。当前，我国城镇化水平已超60%，城市化进程正从量变向质变跃迁。一方面，城市人口的不断扩充让城市治理者更加注重围绕市民来进行政策推进与事务管理。另一方面，大数据、人工智能等科技手段在城市治理中扮演越来越重要的角色，人与科技在城市的繁荣中逐渐交织在一起，而这样的变化在2020年这个特殊的年份让人印象尤为深刻。

　　从健康码成为市民出行的标配，到全国110余座城市为商户开通在线快速办证，再到各地政府用"智慧大脑"降低市民垃圾分类难度。我们越发地感觉到，城市治理不仅有了以人民为中心的温度，更兼具了科技助力的"硬核"，这也给城市的精细化治理提供了更多思路，从数字化到智能化再到智慧化，让城市更聪明一些、更智慧一些，成为推动城市治理体系和治理能力现代化的必由之路。

　　同时，"十四五"规划也提到，要"完善共建共治共享的社会治理制度，扎实推动共同富裕，不断增强人民群众获得感、幸福感、安全感，促进人的全面发展和社会全面进步"。在这种共建共治共享的时代大潮中，城市管理者包容审慎、市民积极配合、企业敢于担当，让中国特有的"科技为民"的城市形象日趋丰满起来。

▶ "码"上抗疫　消费先行
复工复产看中国

2020 年 6 月 10 日下午，家住北京市西城区的唐大爷因间断性发热到宣武医院发热门诊就诊，23 时 50 分，检测团队确认唐大爷为新冠肺炎确诊病人。此时，北京已连续 56 天无本地新增确诊病例，但本着"宁可十防九空、不可一日松懈"原则，病毒被迅速捕获，疫情在早期被发现。

伴随而来的是北京地区抗疫神经的再次绷紧：进入战时状态、集中隔离管控、启动核酸检测、划定风险管控范围、全面流调机制、出京自我管控、恢复医院正常治疗秩序，一系列卓有成效的疫情防控举措相继推出。在此过程中，近十万基层工作者一户户"地毯式"摸排，密接者全部居家观察，各医疗机构对 1200 万人集中核酸检测；而政府有关部门优化"暂不开放、有条件开放、自主开放"三个清单，提高重点场所防控等级，并通过"登记扫码"等功能加强各类场所进出人员管理……最终，7 月 20 日，北京突发公共卫生应急响应由二级下调至三级。

在这 40 天的抗疫工作中，不仅有效救治无一病亡，城市生产生活也得到快速恢复，北京市重点商务楼宇、工地、工业企业、超市及餐饮五类规模以上企业①整体复工率为 98%，五类之外的果蔬商店、便利店、烟酒店、美容美发店、小作坊、洗染店、修理店等各类门店总体复工率达到 91.9%。对此有外媒评述，从北京新发地抗疫案例看到了中国的机制、中国的速度、中

---

① 规模以上企业，是指经济指标达到一定水平的企业，分为规模以上工业企业和规模以上商业企业，是各级政府衡量地区经济发展水平的一个重要标志。

国的精神！①

北京新发地抗疫闪电战是中国应对新冠肺炎疫情处理日趋成熟的一个重要体现，更是中国城市治理现代化取得飞速发展的一个缩影。作为防止疫情境内扩散和严防境外输入的前沿阵地，城市综合治理能力直接影响到疫情防控和社会复产复工的节奏。2020 年 3 月 10 日，习近平总书记在湖北省考察新冠肺炎疫情防控工作时强调，"这次新冠肺炎疫情防控，是对治理体系和治理能力的一次大考，既有经验，也有教训。要放眼长远，总结经验教训，加快补齐治理体系的短板和弱项，为保障人民生命安全和身体健康筑牢制度防线。要着力完善城市治理体系和城乡基层治理体系，树立'全周期管理'意识，努力探索超大城市现代化治理新路子"②。而无论是在年初武汉疫情的大规模暴发，还是年中北京新发地疫情，抑或者是年末岁尾的防止疫情反扑，整体而言，城市管理者在各个阶段的疫情防控工作都交出了令市民满意的答卷。其中一些举措不仅对疫情防控和复产复工起着关键作用，更为日后如何健全城市治理给出了可靠的参考。

在战"疫"关键时期，收紧卡扣、封闭式管理等"硬核"举措有效控制了疫情的蔓延。而随着疫情得到好转，如何让"静"下来的城市重新焕发活力，这是每一个城市都要面临的一道"必答题"。健康码、安心码的应用成为帮助城市实现由"静"到"动"的重要手段。一方面，各个政府通过"健康码"将个人填报信息与国家确诊、疑似病例数据库、密切接触者数据库以及本市政法、公安、卫健等部门和各区疫情防控相关数据进行实时比对，实现对不同人群的分类管理，让市民出行有迹可循。另一方面，为了帮助一些生活服务业商家尽快复产复工，许多城市还推出"安心码"，集登记追溯、商家防疫信息展示和个人防疫通行证明三个功能于一体，帮助商户和用户建立健康互信，实现"一地一码"精准匹配。这种数字化防疫手段也加快了城

---

① 《北京新发地疫情阻击战的 10 个瞬间》，人民网，2020 年 7 月 22 日。
② 《毫不放松抓紧抓实抓细各项防控工作　坚决打赢湖北保卫战武汉保卫战》，《人民日报》2020 年 3 月 11 日。

市复产复工的步伐，美团研究院生活服务业商户复工指数显示，率先使用安心码的城市，复工率均超过全国平均水平。

无论是健康码，还是安心码，由大数据等新技术、新应用推动的科学化治理手段呈现出更高效，更便捷的优势，也凸显了中国在运用互联网技术辅助社会治理方面的领先优势。而随着疫情得到控制，"码上行动"的概念也已根植于市民心中，人民智库通过互联网和微信公众平台对 5928 名受访者开展的问卷调查结果显示，超九成受访者希望健康码在后疫情时代发挥更重要作用，尤其是在卫生健康、城市治理、交通出行和文旅娱乐领域。①

让城市重新"动"起来，快速恢复经济活力，都成为疫后考验城市管理者综合治理能力的课题。2020 年 3 月 4 日的中共中央政治局常委会会议上明确提出，要把复工复产与扩大内需结合起来，把被抑制、被冻结的消费释放出来，把在疫情防控中催生的新型消费、升级消费培育壮大起来，使实物消费和服务消费得到回补。而消费券的发放，则成为各地复商复市、提振消费的一个有力抓手，各地方政府将支付宝、微信、美团、京东等 APP 作为主要发放渠道，聚焦于餐饮等生活服务业，鼓励人们走出家门去进行消费，提振全民消费信心。比如天津市和平区政府在 4 月 17 日至 5 月 7 日间通过与美团合作向居民发放暖企惠民消费券，活动期间和平区的平均消费复苏率为 11.4%，高出天津市其他辖区平均水平 41.4 个百分点。而在 2020 年 4 月至 7 月，合肥市政府分四批投放总价值一亿元的电子消费券，更是直接拉动消费金额超五亿元。②

消费券的发放不仅刺激了消费，更精准地促进了中小商户经营的恢复。美团数据显示，参与发放消费券活动的商户在活动期的店均交易额相对于未参与活动商户提升明显。与此同时，消费券还推动了当地小店的数字化发展，不少小店还在一系列的活动下完成了线上与线下服务的融合。消费券与

---

① 《国家治理周刊》2020 年第 27 期。

② 《安徽消费券拉动消费超 5 亿元》，人民网安徽频道，2020 年 8 月 26 日，http://ah.people. com.cn/n2/2020/0826/c358266-34252760.html。

数字化的结合为促进经济恢复良性循环的正常运行起到了"四两拨千斤"的作用。

城市经济的恢复需要消费券增加"厚度",同时也需要夜间消费来拓宽"长度"。《从数字生活到数字社会:美团年度观察 2020》一书中曾提到,夜间经济的发展水平能够直观反映出一个城市的经济实力水平。培育发展夜间消费新业态、新模式,可以满足群众多元化、多样化消费需求,提升城市经济活力。在 2019 年多地政府出台推动夜间经济发展的相关政策后,我国夜经济迎来高速发展。但疫情对国内夜间消费仍造成较大影响,为了让夜经济成为后疫情期扩内需、促消费的重要抓手,各地继续加大对夜经济的扶持力度,2020 年,至少 26 地政府工作报告提出发展夜经济,不少城市还针对夜经济出台了更为明确的规划,比如长沙出台的《关于有效降低疫情影响促进商贸流通产业稳定持续发展的政策措施》就提到鼓励发展夜间经济,培育夜经济示范区,创建一批夜经济门店、夜经济特色网红打卡点,打造夜间消费场景。重庆市发布《关于加快夜间经济发展促进消费增长的意见》则从加强夜间经济规划布局、建设多元化夜间消费场所、培育丰富夜生活业态、打造夜间消费品牌、推动夜间经济创新升级发展、完善夜间经济功能配套等 6 个方面加快夜间经济发展,计划推出"不夜重庆"打卡地图,发布全国夜间经济白皮书等一系列举措。

一系列的政策扶持下是夜经济的强势复苏,美团数据显示,疫情最为严重的 2020 年 2 月份,各城市的夜间消费占比均明显下降,而到了 6 月,全国夜间消费占比已回升至 44.7%。此外许多城市推广夜经济也摆脱了"夜经济"就是餐饮小吃、闹市经济的传统思路,逐渐形成美食、文化、娱乐、旅游等多元化夜间消费市场。阿里巴巴《数字点亮夜经济(2019)》报告显示,在数据监测的 12 个中大型城市中,夜间餐饮消费占比近四成,夜间文娱消费占比近五成,夜间网购消费占比超四成,且活跃程度总体呈南高北低态势,其中深圳、广州、长沙夜经济活跃度显著高于其他城市,成为夜经济的一线城市。

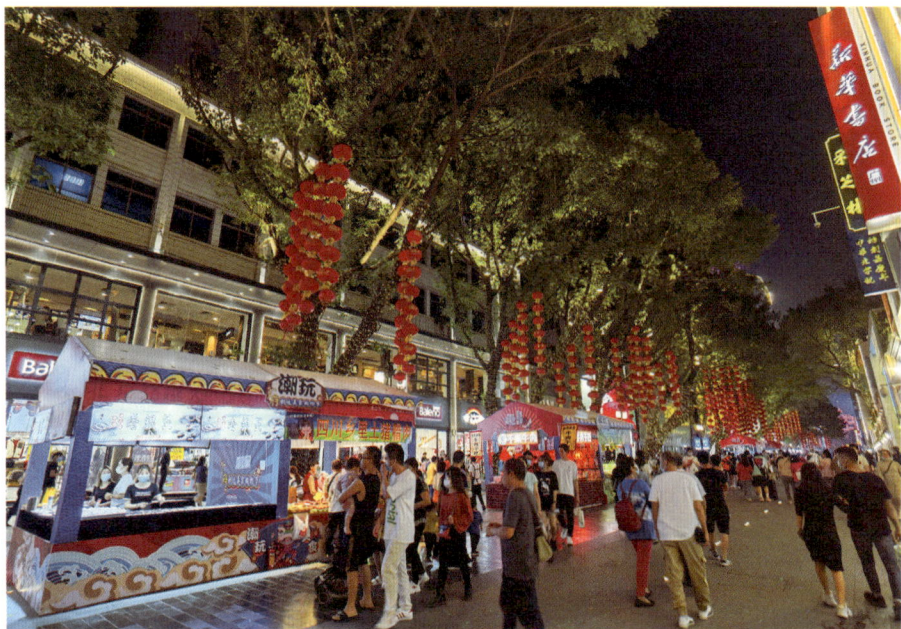

广州北京路步行街夜景风光

与此同时，夜经济与数字化结合得更加紧密，一方面，城市管理者开始尝试借用 AI、大数据等技术手段完善夜间监管和调度，比如，长沙市政府通过大数据平台，动态调度城市夜间公共交通的运营时间和规模，为消费者提供更便捷的出行服务。另一方面，餐饮外卖、直播等"互联网＋生活服务"也已经成为各地市民特别是年轻人夜间消费的新选择。

这次疫情是对我国治理体系和治理能力的一次大考，其中就包括了对数字化治理能力的考验。从"码上出行"，到电子消费券，再到夜经济复苏，科技为疫情防控、复工复产、民生保障等提供了有力支撑。而如果从全球横向对比来看，国际上多个大城市受限于检测与收治能力不足，未能有效控制疫情，这也使得中国的抗疫经验更显得弥足珍贵。

疫情暴发时的社区治理标兵

武汉东湖新城社区从 32 例确诊到"0"增加

2020 年 3 月 10 日，习近平总书记来到武汉东湖新城社区进行考察。从 32 例确诊到"0"增加，该小区连续 18 天无新增病例，获得了"无疫情小区"称号。

李等军是社区派出所民警，负责东湖新城社区已经 9 年。疫情发生后，李等军全面投入小区疫情防控工作，但东湖庭园小区有数百名必须上班的居民，如何保证他们的正常出入，又尽可能避免交叉感染，一度让他十分头疼。

经过和社区干部讨论，李等军提出将其他三个出入口封锁，只保留北门。当时全市还没有全面实行小区全封闭管理，很多居民不理解这个做法，不乏反对的声音。但经过社区干部、网格员、保安员、志愿者等综治力量的逐户劝导，很快，社区居民们都能配合工作。

小区封闭管理后，如何满足 3327 户 1.2 万多居民的生活保障需求成了难题。为此，社区党总支书记、居委会主任陶久娣在社区"微邻里"平台上发布了招募志愿者的信息，第二天就有 48 名志愿者报到，与 42 名下沉干部、33 名党员和社区工作者一起组成了坚实的社区防控力量。

社区居民缺米少油了、下水道堵了、垃圾箱满了……这些烦琐的大事小事，都是他们的管理范畴。为保证各项工作万无一失，陶久娣每天"泡"在社区里，日均睡眠不足 5 小时。每天她都会和社区干部、志愿者一起，把居民团购的生鲜分装好，逐一送到居民家中，不仅确保了社区防疫工作的高效执行，也满足了特殊时期居民的生活需求。

有一种复工　叫宁波解法

在 2020 年初的全国抗疫中，宁波以 71.1% 的餐饮商户复工率在全国 36 个重点城市（省会城市及 5 个计划单列市）中排名第一。见微知著，餐饮业复工率高，反映了宁波市疫情防控形势持续向好，也体现了宁波市的整体治理水平。而回首宁波的复产复工经验，会发现这座城市有着非常值得深入学习的疫情应对解法。

宁波申洲针织有限公司拥有近 4 万名员工。为保障员工返厂期间的疫情防控安全，宁波相关部门第一时间进驻企业，现场办公。公安运用大数据对近 4 万名员工进行了疫情风险分析排查；交通部门简化审批程序帮助企业解决包车问题；卫生防疫部门帮助企业建立疫情防控体系；人社部门积极对接外省人社部门，组织员工尽快走出家门……

"宁波市几乎是发动了所有的部门来支持我们复工复产。"申洲针织有限公司董事长马建荣感激地说。

然而，对于企业来说，复工只是迈出了第一步，达产才是至关重要的。上下游配套供应企业仍未及时复工。为此宁波市的企业复工应急专班通过经信部门积极协调全市各配套企业，在很短的时间内，帮助中大型企业打通上下游产业链条。以吉利汽车为例，2 月 13 日，一封关于供应商不能及时供货的求助信从吉利汽车发出。宁波经信、交通等部门获悉后，紧急协调，组建了临时汽车运输服务群，6 个区县（市）成立临时供应链复工复产小组，梳理了 302 家当地零部件配套企业名录供吉利备选。在环环相扣的解难措施帮助下，吉利的整车生产线重新开动了。①

---

① 《有一种复工，叫宁波解法》，央广网，2020 年 3 月 3 日。

2月初以来，针对企业复工复产、经营运行可能存在的困难，宁波市相继出台了复工复产20条、支持外贸企业12条、服务业健康平稳发展21条、保障"三农"发展等一系列帮扶政策，给企业减负鼓劲加油。而这些帮扶措施处处都是真金白银。比如为了减少企业复工后因疫情导致停产所带来的的影响，宁波市政府帮企业提前考虑，在全国率先推出小微企业复工防疫保险。企业只需出1000元保费（政府补贴另外1000元），一旦因法定传染病导致停工停产最高可赔付10万元。据不完全统计，宁波市推出的这些扶持政策兑现后，预计将为宁波企业减负134亿元。

延伸阅读

成都加速发展"夜经济"　打造"不夜城"

提起"夜经济"，很多人会想到天府之国成都。在成都，"夜"是时间，"色"是赋予时间灵魂的场景。美团发布的全国夜经济报告显示，成都在夜间消费总额和人均消费额方面均大幅领先于其他城市。

为了把成都打造成建设国际消费中心城，当地政府早已将城市夜经济发展视为重要目标，并给出了规划，2018年发布的《成都加快建设国际消费城市行动计划》就明确提出：要挖掘夜间消费新动能，加强夜间经济的环境营造，加快培育锦江夜消费商圈，引入现代新兴消费业态，打造成都夜消费地标。随后，成都实地调研了夜间经济重点发展区域，学习借鉴巴黎、东京、上海等国内外先进城市经验，并结合成都实际，在2019年9月出台了《关于发展全市夜间经济促进消费升级的实施意见》。引导广大市民、社会力量广泛参与，鼓励经营主体与社区居民共同开展自律管理，维护和谐社区环境。同时，交通、公安等部门也组建夜间专班，帮助舒缓夜间交通压力，加大夜间治安管理力度。

2020年，成都再度加码夜间经济，发布了《成都市以新消费为引领提振内需行动方案（2020—2022年）》，计划每年引进各类品牌首店200家以上，发展特色小店300个以上，打造夜间经济示范点位100个，并推出首条夜间观光线路，该条线路包含九眼桥、锦江夜游码头、望平坊、香香巷、天府熊猫塔、网红酒吧聚集区、太古里、大慈寺、镗钯街等16个成都夜间的地标景点。"夜猫子们"只需要用90分钟、1张车票就能尽情感受成都夜里的繁华与宁静。

有了政府的大力支持，让这座城市夜不打烊，这里的人们奋斗也不舍昼夜。

减少办事门槛　打造"服务型"总客服

　　"让数据多跑路，让群众少跑腿"是近年来被政府频频提及的一句话，在 2020 年的抗疫过程中，政府已经卓有成效地形成"让数据多跑路，让群众少跑腿"的格局。这一"多"，立足的是数据快速便捷的优势，这一"少"，凸显的是提升治理效能、优化公共服务的理念。纵观全年，这项工作原则不仅在疫情防控和复工复产上得以充分贯彻，更成为日常城市治理不断追求的核心目标之一。

　　2020 年 7 月，贝乐多幼儿园中北园园长刘颖计划在天津市西青区开办一家民办幼儿园，以往开园前期手续都需要几个月的审批，而夏季又是幼儿园招生旺季，错过这个时间段，招生效果会受到很大影响。但刘颖在办理手续过程中并没有费太多心思，在开办幼儿园的时候，她得知可以通过"津心办"西青旗舰店办理，原本是抱着试试看的态度，没想到打开 APP 后，里面每个事项、每个步骤都有详细的介绍，刘颖按着提示一步步准备，让原本几个月的审批流程缩短到了 5 天。

　　"津心办"是天津市网信办、市大数据管理中心全面推动建设的政务服务移动端应用，该应用上线了市级行政许可、公共服务、便民服务等各类在线服务事项达 1500 余项，市民办理业务可以实现"不见面、网上办、掌上办"。而刘颖需要办的开办幼儿园服务正是"津心办"西青旗舰店特色服务之一。据了解，从 2020 年初至 10 月，"津心办"此项服务已累计办理企业各类事项超过 26 万件，其中企业设立量超过 13 万，企业变更量超过 11 万，日均完成业务量超过 1500 件。

和天津市民一样，深圳市民如今也能够在手机上享受便捷的服务。深圳市政府打造的"i深圳"APP涵盖了社会保障、医疗健康、汽车摇号等项目，涵盖应届毕业生接收、居住证签注和申领等近7700余项与市民息息相关的服务。而且办事效果也非常显著：纯线上"秒报、秒批、全流程网办（零跑动）"的500余项可以提高60%的办事效率，人均办事时间节省2小时。

像"津心办""i深圳"这样改善群众与企业的政务办事效率数字化手段有很多。APP、小程序、微信公众号等工具成为连接政府与企业、市民的重要桥梁。微信数据显示，至2020年10月，微信政务小程序总量已超过六万个，累计服务人次近360亿次。

近年来我国不断深化"放管服"改革，大力推进全国政务服务一体化平台建设，极大改善群众与企业的政务办事效率，减少资源浪费，提升政务事项满意度。而2020年的新冠肺炎疫情导致的市民出行不便也让电子政务成为"刚需"，国家相关部委、地方政府纷纷出台相关政策继续降低办事门槛，2020年6月，国务院常务会议强调，要进一步优化企业开办服务，年底前各省份全部开通"一网通办"平台，实现全部手续线上"一表填报"，办齐的材料线下"一个窗口"一次领取。7月7日，国务院还印发了《国家电子政务标准体系建设指南》，为地方上建设电子政务平台提出了明确的指导和标准。这些都使得我国电子政务水平得到快速发展，联合国电子政务调查报告显示，中国电子政务发展指数排名从2018年的全球第65位上升到2020年第45位，达到全球电子政务发展"非常高"水平。其中，在线服务指数排名中国为全球第9位。

电子政务平台既迎合了中国互联网整体发展普及的趋势，也让政府"总客服""总管家"的形象更加丰满，以最简的手续、最快的速度、最低的成本，极大地提高行政审批、生活办事效率，多措并举落实"最多跑一次"改革，有效提升市民与企业的获得感。

除了电子政务平台解决民生难题以外，政府提升管理服务能力的另一项重要举措在于加大引入先进的科学技术来实现智慧治理。中国国情决定了我们复杂的城市状态：人口密集、建筑众多、交通流量大、业态层层叠加，传统的治理方式很难顾及城市的方方面面，也很难具体细化到尽可能小的市民单位，容易造成粗放式管理，与中央深化"放管服"改革的理念背道而驰。2020年3月31日，习近平总书记考察杭州城市大脑运营指挥中心指出：推进国家治理体系和治理能力现代化，必须抓好城市治理体系和治理能力现代化。运用大数据、云计算、区块链、人工智能等前沿技术推动城市管理手段、管理模式、管理理念创新，从数字化到智能化再到智慧化，让城市更聪明一些、更智慧一些，是推动城市治理体系和治理能力现代化的必由之路，前景广阔。①2020年，国内多个城市对智慧城市的发展作出了明确的部署，北京市出台的《北京市"十四五"时期智慧城市发展行动纲要（征集意见稿）》明确提出，到2025年，北京将建设成为全球新型智慧城市的标杆；四川省印发的《关于加快推进新型智慧城市建设的指导意见》也提出到2022年要打造30个具有鲜明四川特色的省级新型智慧城市试点示范。

在一系列政策扶持下，大数据、云计算、人工智能等技术在智慧城市的建设上有了更为成熟的应用，并开始覆盖疫情防控、城市交通管理、社会治理、治安防控、生态环境保护、政务便民服务等更多方面。例如合肥"城市大脑"可以集成"交通拥堵指数""道路拥堵排行""当前在途车辆"等信息，作出交通疏导决策；成都宽窄巷子"智慧大脑"可以通过大数据、人工智能等技术和智能摄像头等硬件的合作来收集总结商业圈人流量与消费水平，为政府施策拉动消费、改造商圈提供数据支撑；上海、宿迁等110多座城市还推出了餐饮企业食品经营许可线上办理服务，餐厅商户可以通过美团申请线上办理食品经营许可证新开、变更等业务，最快1个工作日就能通过审批。

城市现代化需要"快节奏"发展，但很多地方也要"慢下来"。随着我国汽车保有量的增加，如何有效解决快慢交通冲突、慢行主体行路难等问题

① 《习近平在浙江考察时强调统筹推进疫情防控和经济社会发展工作　奋力实现今年经济社会发展目标任务》，《人民日报》2020年4月2日。

也受到越来越多城市管理者的关注。2020 年 7 月 22 日的国务院常务会议就特别强调了要着眼满足群众改善生活品质需求，尤其是薄弱环节建设，提高城市发展质量。过去几年，上海、深圳、北京等特大城市都已针对发展慢行交通出台了一系列规划。上海市在 2016 年出台的《上海市城市总体规划（2016—2040）》就提出，要提高非机动车通行网络的连续性，完善安全通达的骑行网络和舒适便捷的步行活动区域，建设更多的"B+R"（自动车与公共交通的换乘体系）。深圳市在 2017—2020 年已建成自行车道约 808 公里，未来每年还将新改建自行车道 300 公里以上；北京市也在 2020 年出台了《北京市城市慢行交通品质提升工作方案》，计划将建 9 个慢行系统示范区。此外，东莞、昆明、厦门等城市也在积极规划城市的慢行路线。

市民在兰州黄河河道健身步道游览

城市慢行系统不仅是将步行和自行车路权还给市民，还是对城市大交通格局的优化、重塑，让慢行理念融入城市现实生活本质上蕴含了公平和谐、以人为本的城市发展理念。其中共享单车和低速共享电单车就成了慢行系统日趋完善的重要体现，这些出行工具为市民中短途出行提供健康、绿色、方便的出行服务，并不断完善技术实现了规范区域内有序停车，解决过往车辆无序停放的难题。部分企业还参与了慢行系统标准的制定，为城市慢行系统健康化发展提供有价值的参考

　　也正是政府为慢行系统的"保驾护航"，让以骑行为主的绿色出行方式日渐深入人心，以深圳为例，美团数据显示，2020年，用户在深圳龙华—南山跨区自行车道平均单次骑行距离为2.53公里，平均单次骑行时间20.1分钟，相比同路段自行车道建设前，骑行距离提升26.5%、骑行时间提升27%。同时，为了有效保障配送人员的交通安全、配送效率以及减少交通拥堵，当地政府所铺建的非机动车道"小蓝道"也备受外卖骑手、快递员好评。

　　能否建设好服务型政府，关键还是在于是否围绕人民来服务、施策、管理。从让群众和企业实现在线办证的电子政务平台，到借助大数据等技术实现城市"面面俱到、收放自如"的智慧化管理，再到交通规划、城区改造等措施，在建设更加宜居、更加舒适的城市等方面，我们看到了政府、平台、市民各自做出的努力以及取得的成绩。当然也要看到，在此过程中也出现了诸如理念滞后、条块分割、信息孤岛、特色不清等问题，需要努力加以克服，推动城市治理现代化建设迈上新台阶。

延伸阅读

政企联手共治，"政企通"为智慧监管提速提质

　　如何提升市场监管的智慧化、精准化水平，是市场监管部门共同面临的当务之急。为加强智慧监管的经验交流和成果互鉴，2020年3月，中国市场监督管理学会面向全国组织启动"智慧监管"创新举措征集活动。美团"政企通"凭借"政府—平台""线上—线下"的协同治理新方式，成功入选十大典型创新举措。

　　"政企通"是美团打造的云端软件智慧监管服务系统，供各级

市场监管部门使用。依托美团平台数百万商家以及大数据分析研判，"政企通"可以为市场监管部门提供监管信息精准高效投放、风险监测排查、协同监管和行业数据分析等服务，大幅降低市场监管部门的资源投入；同时可为政府提供展示窗口，将投诉、处罚等信息公示于众，强化社会监督，促进社会共治。2020 年 7 月，美团"政企通"还与上海市闵行区市场监管局合作，推出全国首个政府、平台合作"在线办证"试点。该项服务的推出强化市场准入环节把控管理，不仅改善电商经营者资质合格情况，还促进线下广大服务业商家证照纳入电子化动态监督视野；与此同时也让商家可以更加便捷对接政务服务。至 2020 年底，美团"线上办证"服务已经在上海、安徽、江苏、湖北、山西、广东、福建、浙江、云南、辽宁等 10 个省份 116 个城市落地。

市场监管领域信息化监管、智慧化监管，是新经济发展背景下的能力升级，但并不应局限于对新经济主体的监督，力争在"以网管网"之外，还能尝试"以网管地面"的突破。"政企通"体现出了这一合作思路，助推了智慧监管领域社会共治。据悉，下一步，"政企通"系统将继续着力于信用监管，深化网络主体风险动态感知、网络平台线索监测、案件协助调查、案件协助执行等监管功能，为各地市场监管部门提供对商家数字化监测、通知、执行等服务，真正构建"线上—线下"的 O2O 监管新模式。

延伸
阅读

深圳规划 300 公里自行车专用道　发展慢行交通倡导"绿色出行"

横跨深圳南山、福田的侨香路曾经路面严重老化，行车舒适感和安全问题都得不到保障。但一年后，它已经被改造成深圳首条智慧交通样板路，并充分考虑了市民的慢行交通需要，做到行人与非机动车分离，设立全线连贯的独立自行车道。

近年来，深圳累计完成自行车道建设里程约 808 公里，并在 2020 年继续推动完成新改扩建自行车道约 300 公里。现在，深圳部分市民已经从喜欢驾驶机动车出行转变为乐于"绿色"出行，也就是公交出行或者是骑自行车、步行出行。

在深圳市交通运输局编制印发的《深圳市自行车交通发展规划（2021—2035）》中，明确了自行车交通是综合交通体系的重要组成部分，并提出"网络重构、停放入位、安全提升、骑行促进、政策协同"等五大发展策略，促进深圳市自行车交通健康发展。

同时，市交通运输局正在编制《深圳市慢行系统骨干网络布局及试点实施方案》，将规划 6 条自行车快速路、12 条干线主廊道组成的深圳市慢行系统骨干网络，推动中等距离机动化出行向自行车交通转移和促进慢行健身休闲化普及，提升慢行出行品质，支撑城市可持续发展。

针对市民最关注的自行车停放区建设问题，深圳市已设置超过 3 万个自行车停放区。此外，为进一步加强共享单车的停放管理，市交通运输局还开展了高精度定位共享单车试点工作，目前已完成南山区、宝安区部分街道停车区的高精度测绘，并组织经营企业设置线上电子围栏、高精度定位车辆置换投放等。试点结束后，将适时在全市推广。

垃圾分类与限塑令
为城市生态治理注入源头活水

　　将汤水、鸡骨、鱼刺等倒入"厨余垃圾口",顺手把纸巾、一次性吸管丢入"其他垃圾口",再将餐盘归类、码放整齐,推着车走到下一个餐桌……对于这套系统化的垃圾分类动作,服务员焦女士早已熟稔于心。焦女士工作的白金汉爵大酒店,是南京市栖霞区最早实施垃圾分类的单位之一。走进宽敞的酒店大堂,抬眼可见"垃圾分类,绿色环保"的屏幕标语,伸手可触垃圾分类的科普手册。进门处的垃圾桶,也已按二分法(厨余、其他)设置,乳白色欧式风格的桶身,与周围环境融为一体。同样,酒店餐厅的垃圾车也按要求改装,"厨余垃圾""其他垃圾"收纳袋分置左右,"什么垃圾放左边,什么该放右边,酒店都给和焦女士一样的服务员做过专业化的培训。

　　不只街道商家宣教到位,南京尧化街道社区办事处还建起了投放方便、能积分的智能"环保屋","环保屋"内四类垃圾投放口标识鲜明,下方张贴着投放指南,智能扫码投放、满载警示等功能。有了环保屋,小区居民逐渐改掉了在单元门口随手扔垃圾的习惯,自愿把垃圾分类,投放到对应垃圾箱(桶)里。①

　　正是这种"宣传+配套"的结合,让尧化街道的垃圾分类达到了投放知晓率98%以上、参与率93%以上、正确率81%以上、回收利用率37%以上,尧化街道也成为住建部推荐的垃圾分类全国样板之一。

　　"实行垃圾分类,关系广大人民群众生活环境,关系节约使用资源,也

———————————

① 《南京栖霞尧化街道垃圾分类何以成为全国样板》,《新华日报》2021年1月15日。

是社会文明水平的一个重要体现。"①2019 年 6 月 3 日，习近平总书记对垃圾分类作出重要指示。两年的时间里，垃圾分类已然成为一场全社会追求的"新风尚"。《2020 年城市社区居民生活废弃物管理信心指数与意识行为研究报告》对全国 24 个城市，近 300 个小区，近一万个样本调查结果显示，目前居民生活垃圾分类主体意识较强，85.5% 的人认同垃圾减量、分类、再利用是居民的责任和义务。有六至七成居民表示自己能够做到基本或严格按要求分类。

垃圾分类与城市治理息息相关，从宣传、投放、收集到运输、处理，垃圾分类是一个环环相扣的链条，其中涉及专业技术、利益激励、责任约束和文明习惯等，是现代城市治理的一个系统性基础性工程。2020 年 9 月 1 日，中央全面深化改革委员会会议上就提出，要从落实城市主体责任、推动群众习惯养成、加快分类设施建设、完善配套支持政策等方面入手，加快构建以法治为基础、政府推动、全民参与、城乡统筹、因地制宜的垃圾分类长效机制，树立科学理念，分类指导，加强全链条管理。到 2020 年底，住房和城乡建设部计划先行先试的 46 个重点城市已基本建成垃圾分类处理系统，并出台了更有针对性的生活垃圾管理条例。比如北京市重点聚焦垃圾的源头减量和强制分类，提出倡导个性垃圾分类措施，市民可在家中设置"两桶一袋"进行分类。而广州在全链条处理能力上也有明显提升，目前，广州已设置居民小区生活垃圾分类投放点位约 1.8 万个，配置 1.6 万座垃圾中转站，生活垃圾回收利用率达到 39.7%。目前建成 5 座资源热力电厂和 3 座餐厨垃圾处理厂，形成了"焚烧为主、生化为辅、填埋兜底"的垃圾处理格局。

在推广垃圾分类的过程中，科技正在成为重要"生产力"，一些社区开始采用具有智能识别功能的垃圾桶，社区居民扫码后即可实现垃圾分类；南京市部分社区用上了"智慧大脑"，能够通过大屏幕实时看到回收垃圾总量、

① 《习近平对垃圾分类工作作出重要指示　强调培养垃圾分类的好习惯为改善生活环境努力为绿色发展可持续发展作贡献》，《人民日报》2019 年 6 月 3 日。

各类垃圾占比、指导员上岗情况等信息，为后续政策举措提供参考；长沙还使用了具有 GPS 定位功能的垃圾运输车辆，利用互联网、物联网、大数据等信息技术与市固废监管平台互联互通，实现环卫工作全面信息化、智能化运行管理。此外，腾讯、美团、阿里等互联网企业也在 APP 上开通了垃圾识别功能，让用户在家就能完成垃圾分类。

北京市通州区路边的垃圾分类回收箱

在全国掀起垃圾分类热潮的同时，也有一些问题有待解决。比如当前各大城市已经投入大量人力与资金，许多政策和设备需要靠补贴来进行维持，如何提升垃圾分类的效益，实现"自发电"的正向循环，还需要进一步挖掘生活垃圾的回收价值，提升资源重复利用的比重，能否有新的技术突破，决定了垃圾分类未来的可持续性。

城市生态治理既要有加强垃圾分类推广这样的"后端"举措，更需要实现从源头减量，塑料包装品是重点治理对象。目前，中国是全球塑料生产和消费第一大国，每年生产塑料原材料一亿多吨，塑料消费制品则有 6000 多万吨。① 为了减少塑料制品使用，中国早在 2007 年就出台了《国务院办公厅关于限制生产销售使用塑料购物袋的通知》，希望通过"价格杠杆"，提高塑料袋使用成本。但随着中国城镇化进度的加快，加之可替代品缺乏，使得塑料袋使用量未能做到很好的控制，管控难度也逐渐加大。

治理塑料污染，需要全局性、系统性的思考和行动。2020 年 1 月 16 日，国家发展改革委、生态环境部发布《关于进一步加强塑料污染治理的意见》（以下简称《意见》），首次明确了"禁塑""限塑"期限，要求到 2020 年底，全国范围餐饮行业禁止使用不可降解一次性塑料吸管；地级以上城市建成区、景区景点的餐饮堂食服务，禁止使用不可降解一次性塑料餐具。同时也提出要推广应用替代产品和模式，规范塑料废弃物回收利用，方便群众生活。与 2007 年的"限塑令"相比，《意见》最明显的特点是着眼于构建整体性塑料循环产业链，从而真正形成管理上的闭环。而在市民"限塑"意识较为淡薄，且缺乏低成本、可替代的包装制品下，如何帮助市民完成过渡也考验了各地政府的治理能力。

海南省于 2020 年 12 月 1 日起正式施行禁塑令，是国内第一个"禁塑"的省份，为了更好落实禁塑令，海南发布了国内第一个禁塑地方标准《全生物降解塑料制品　通用技术要求》及配套检测方法标准，为生产、监管、流通、使用各相关方提供了标准依据，并搭建了禁塑工作管理平台，通过监管二维码实现了禁塑替代品生产领域企业产品认证、流通领域执法部门监管和使用领域人民群众监督的全流程可追溯闭环管理，并鼓励当地生产企业转型升级。政府数据显示，海南实行禁塑令的一个月时间里，已有 84 家企业获得了禁塑替代品监管码，替代品销售量逾 2000 吨。此外，海南省市场监管局积极开展"禁塑"宣传，组织全省市场监管部门通过 LED 电子显示屏播放宣传标语、悬挂横幅、发放宣传资料、发送"禁塑"宣传信息、约谈经营单位等方式，加强"禁塑"动员宣传工作，营造良好的"禁塑"工作氛围。

---

① 《中国对塑料垃圾再出重拳》，《人民日报海外版》2020 年 2 月 24 日。

城市生态治理由于贴近生活、主体众多，具备强烈的"共治"属性。在政府主导之下，众多企业尤其是生活服务业的商家，都加入到这场"禁限塑"的战役中，比如麦当劳、肯德基、星巴克等企业就宣布将逐步停用塑料吸管，消费者可通过新型杯盖直接饮用可乐等不含固形物的冷饮。而美团、饿了么等企业也通过与政府、商家、研究机构合作来探索更多可实践的包装解决方案。比如，美团外卖"青山计划"已在全国建成 350 个塑料餐盒回收循环再生试点，发布绿色包装推荐名录，孵化创新包装产品，投放全生物降解包装袋超过 2000 万个，纸质餐盒 100 万个。

垃圾分类与限塑令都是城市生态治理绕不开的一环，两项措施并非2020 年首次提出，但经过多年的"沉淀"后，无论从宣传、生产、使用到回收，从政府、市场到个人，从强制性整治到柔性引导，一系列可喜的变化证明我国整在树立全链条治理思维，朝着更科学、更完善、更人性化方向努力。

与此同时，我国还提出了力争在"2030 年前实现碳达峰，2060 年前实现碳中和"的宏伟目标，而低碳经济作为一种绿色、可持续的经济发展模式，将成为碳中和目标下资源型城市经济转型高质量发展的必然选择。此外，数字经济这一新兴技术载体也能够让低碳城市的建设得以更好地落实。我们可以期待，在不久的将来，城市会以"绿色低碳"的面貌呈现，变得更富活力，也更宜居。

延伸
阅读

垃圾分类用上 AI　北京海淀区的智能垃圾桶会"说话" ①

"厨余垃圾要破袋，请您破袋后投放。"

在海淀区东升镇观林园小区，垃圾分类驿站的 AI 督导员正用

① 《北京海淀：为垃圾分类插上"智慧的翅膀"》，《海淀报》2020 年 12 月 30 日。

语音提醒居民正确投放厨余垃圾。这是海淀区全流程智能化垃圾分类管理方式中的一个应用场景。有了 AI 助力，海淀区垃圾分类管理更加精细化。

AI 督导员由一整套"装备"予以支撑：3 台摄像头分别负责人形识别、盯守厨余垃圾桶、盯守垃圾桶的满冒，称重系统可语音播报垃圾投放重量，语音播报功能会根据居民实际投放情况进行提示。厨余垃圾桶和转运垃圾桶的车辆还有身份识别卡，每天收集了多少厨余垃圾、垃圾的分类状况、隶属于哪个小区、车辆走了哪条路线，全程都有记录。目前，海淀全区 2 万余个厨余垃圾桶、138 辆运输车辆都安装了身份识别卡，对接全区 2123 个小区的厨余垃圾，每天打卡式收运，实现信息可追溯。

智能垃圾桶获取的信息，最终汇集到海淀区城市大脑指挥中心，通过垃圾分类信息感知网、垃圾分类专题数据库、垃圾分类物联网服务平台、垃圾分类三级监管平台、垃圾分类社会单位信息服务平台和市民服务平台，实现全品类、全行业、全过程的监管。

据了解，根据系统监测数据，不但可以追溯垃圾分类过程中出现的问题，数据量积累到一定程度，还可以为优化垃圾分类管理提供科学依据。系统能随时发现城市公共道路上的垃圾遗撒问题，找到最近的垃圾运输车辆，并调度其以最快的速度前往处理。

延伸
阅读

落实"限塑令"，吸管的绿色转型

2020 年 1 月 19 日，国家发展和改革委员会与生态环境部发布《关于进一步加强塑料污染治理的意见》，规定到 2020 年底，全国范围餐饮行业禁止使用不可降解一次性塑料吸管。

限塑令颁发后，大型餐饮机构积极响应，推动吸管的绿色转型。例如麦当劳中国在 2020 年 6 月末开始在北京、上海、广州、深圳四个城市近千家餐厅的堂食及外带率先停用塑料吸管，消费者可通过新型杯盖直接饮用不含固形物的冷饮（如可乐），据麦当劳负责人介绍，预计这一调整将使麦当劳的塑料使用量每年减少约 400 吨。而一向走在环保前线的星巴克在 2018 年就已经宣布在全球范围内停止使用塑料吸管，改用无吸管杯盖，或者纸质、其他可降解材料制成的环保吸管，至 2019 年底，星巴克在中国的 4000 多家门店，已经全部实现了塑料吸管的禁用。

值得一提的是，出于成本考虑，绝大多数商家都采用了纸质吸管。但纸吸管容易泡烂，不仅影响餐饮产品的口感，更衍生出"因纸吸管戒奶茶"的玩笑。相比之下，PLA（聚乳酸）吸管避免了纸质材料在塑形、耐高温、耐浸泡等方面的缺陷，且使用植物提炼出的淀粉原料制成，使用后能被自然界的微生物完全降解，最终生成二氧化碳和水，对环境较为友好。例如，喜茶在 2020 年 6 月份开始，针对冷热饮特性，围绕吸管长度、内外口径、切口倾斜度、跌落性能、外观等方面测试了多款 PLA 材质吸管，最终得到兼具美观、良好使用体验和环保需求的环保供应方案，并在 11 月尝试投放，得到了顾客的广泛认可。截至 2021 年初，喜茶已经完成了全国门店一次性不可降解塑料制品的替换。

■ **专家观点**

北京市步行和自行车交通发展经验

盖春英

（北京市城市规划设计研究院交通规划所副所长）

一、基本特征

中国曾经是自行车王国，曾经的北京街头更是自行车的天下。20 世纪 80 年代，北京市自行车出行比例高达 62.5%，是城市主要交通方式。这既与当时的经济社会发展水平有关，更与步行和自行车的独特优势有关（方便、灵活，有助于休闲健身等）。因此，北京有发展步行和自行车交通的传统和根基，虽然近年来机动化交通快速增长，但步行和自行车交通一直在城市交通系统中扮演重要角色。

行人多，自行车也多，是北京步行和自行车交通的重要特征。北京是中国首都，是国家的政治中心、文化中心、国际交往中心、科技创新中心，是国家历史文化名城，拥有众多的历史文化资源，更有故宫、长城等世界文化遗产，所有这些使得北京汇聚了各路精英，不仅本地人口多，而且外地游客、短期访客等人群均很多。不仅如此，北京的自行车也多，而且自行车的种类也很多，除了私人普通自行车外，还有大量的私人电动自行车、外卖送餐电动自行车，以及越来越多的三轮快递车。这些非机动车的通行空间均是在道路两侧的非机动车道上。由于速度、体量存在差异，各种车辆之间非常容易相互干扰。

从问题来看，北京在步行和自行车交通方面一直存在一些问题，涉及规划、设计、建设、管理等各个方面和环节。典型问题主要包括：长期存在的机动车违章占用非机动车道通行和停放；变电箱、报刊亭等附属设施和公共服务设施在人行道上的摆放相对比较随意，相互之间缺乏统筹和协调，更是很少考虑对行人正常通行的影响；等等。此外，还有一类比较典型的问题是，很多道路为了改善机动车的通行效率，往往采用压缩人行道或非机动车道空间甚至完全取消人行道或非机动车道的做法，将其调整为机动车道，这种做法在道路路段和交叉口范围均有存在，尤其在交叉口范围，这种做法可以说是比较普遍。显然，交叉口作为行人和非机动车最为集聚之处，这种做法加剧了行人和各类非机动车辆的通行困难，机动车、各种非机动车、行人相互借道和干扰，乱象可想而知。

从需求来看，市民骑行的需求越来越大，尤其是近年来随着北京市政府对步行和骑行环境的日益重视并逐年开展步行和自行车出行环境整治提升，越来越多的人开始步行和骑行。不仅如此，我们的最新调研也表明，2020年新冠肺炎疫情暴发后，骑行的市民也越来越多。这些对北京步行和骑行环境提出了越来越高的要求。

从目标来看，2017年，由国务院正式批复的北京新版城市总体规划提出，北京的城市战略定位是"四个中心"（全国政治中心、文化中心、国际交往中心、科技创新中心），发展目标是建设国际一流的和谐宜居之都。高品质的步行和自行车交通环境是上述定位和目标的应有之义、重要内容、必然要求。此外，总规也提出了"建设步行和自行车友好城市"的发展愿景和目标。深入贯彻和落实北京的战略定位和发展目标，并使首都的步行和自行车系统成为全国的标杆和示范，迫切需要在步行和自行车交通的规划、设计、建设、管理等方方面面有行动指针和实践抓手，并保持高标准，独具首都特色。

二、发展经验

(一) 加强规划，谋绘蓝图，做好顶层设计

为适应北京步行和自行车交通的特征，解决长期存在的各种问题，北京市城市规划设计研究院（以下简称"北规院"）长期持续开展步行和自行车交通方面的规划和研究工作。2000 年以来，先后完成步行和自行车交通方面的规划和研究项目 20 余项。其中，2016 年编制完成的《北京市自行车和步行交通规划》（以下简称《规划》）是国内特大城市中第一个覆盖全市域范围的自行车和步行交通专项规划。《规划》探索了在高机动化背景下，特大城市自行车和步行交通发展前景论证的思路和方法；确立了自行车和步行交通在特大城市综合交通系统中的地位，提出了"建设步行和自行车友好城市"的发展愿景和目标；提出步行和自行车交通是城市综合交通体系的重要组成部分；应让步行和自行车交通安全、便捷、舒适、包容；应实现 1 公里范围步行出行为主体，1—5 公里范围自行车交通出行为主体，5 公里以上采用"公交 + 步行"或"公交 + 自行车"的出行方式；良好支撑和保障"十五分钟社区生活圈"建设。《规划》构建了满足不同层次需求的多样化网络系统，并提出分区域差异化的规划设计要求；形成了涵盖城市环境、景观、风貌、品质、生活的自行车和步行设施规划设计技术指引；同时，探索了在老城整体保护框架下的交通应对之法。《规划》的部分核心成果被写入 2017 年由国务院批复的北京新版城市总体规划中，其中，"建设步行和自行车友好城市"的发展愿景和目标被写进城市总体规划，这在全国尚属首次。

与此同时，2017 年，北规院根据区域交通出行特征并借鉴国际先进理念和做法，探索性地提出规划建设"自行车专用路"这一"新"事物的构想，并于 2017 年初着手开展自专路规划方案的研究制订，经过一年多的反复论证和研究，终于敲定了最终方案，并得到了北京市领导的认可。自专路于 2019 年 5 月 31 日正式建成投入使用，直到现在一直是北京的"网红"之地。

自专路是北京一次有益的探索和尝试。2019 年 6 月，北规院在总结自

专路的先进理念和做法、评估自专路的实际使用效果和不足的基础上，着手研究制订自专路二期规划方案。目前，方案已经编制完成。按照市政府的有关工作部署，自专路二期工程将于 2021 年实施。

此外，北规院陆续研究制订了王府井地区、南锣鼓巷地区、前门地区、东城区、北京城市副中心、亦庄新城、回天大型居住区等重点功能区、组团及新城的步行和自行车交通规划，步行街、步行街区、步行和自行车优先街区、自行车专用路等高标准、高品质的步行和自行车交通系统方案被写进规划。目前，这些规划已经进入陆续实施阶段。以王府井地区为代表的不停车胡同、稳静街区、不停车街区等正在陆续成为现实。

（二）重视研究，制订标准，夯实技术支撑

北京一直非常重视步行和自行车交通相关标准的研究。2000 年以来，陆续研究出台了十余部步行和自行车交通规划设计方面的北京市地方标准、规范、指南、导则。其中，2014 年以来出台的重要标准和指南有：2014 年出台《城市道路空间规划设计规范》、2016 年出台《北京市步行和自行车交通设施改善技术指南》、2018 年出台《北京市步行和自行车交通环境设计建设指导性图集》、2020 年出台《步行和自行车交通环境规划设计标准》等。其中，2014 年出台《城市道路空间规划设计规范》和 2020 年出台的《步行和自行车交通环境规划设计标准》均为全国首部，均由北规院牵头完成。

上述标准和指南从各类街道的横断面规划设计、自行车停放设施布置、自行车道和人行道宽度和路权保障等各个方面提出了全面深入的技术指引和要求。其中，《步行和自行车交通环境规划设计标准》以北京市步行和自行车出行特征为基本依据，以"三导向"即问题导向、目标导向、需求导向为基本原则，在长期持续的跟踪调研和规划研究的基础上，通过反复论证研讨、反复征求各方意见和建议，厚积薄发，最终量身定制了步行和自行车交通环境规划设计的"首都标准"。标准强化了行人和自行车的独立路权和网络连续性、行人和自行车的过街路权、盲人出行的无障碍设施保障，确立了街道空间功能的分配原则是步行和自行车优先并且街道空间应按步行、自行车、公共交通、小汽车的优先顺序分配路权；标准提出全面提升行人和自行车出行环境的舒适性，塑造高品质的街道景观和生态效应，提出建设完整林荫道、按需设置休憩座椅等规定和要求。

上述标准为高质量、高标准地规划建设北京市步行和自行车交通系统提供了坚实的技术支撑和保障。

（三）付诸行动，狠抓落实，推进规划实施

有蓝图和顶层设计的引领，有技术标准的支撑，北京市相关实施部门自 2012 年开始日益重视步行和自行车交通系统的落地建设和环境改善工作。CBD 区域、金融街区域、中关村西区、王府井区域、奥体周边等区域的步行和自行车交通环境逐步得到改善。"十三五"期间，北京市实施步行和自行车交通系统品质提升行动，完成了 3200 公里（双向）步行和自行车交通空间整治，使得步行和自行车交通出行环境得到进一步改善。

市民有需求，自下而上反映诉求，积极建言献策；政府听民意，自上而下狠抓落实，大力推动实施。政府与市民上下一心，齐心协力，是北京市步行和自行车交通系统得以科学和有序发展建设的重要经验。

三、寄语期待

宜居城市是当今许多城市的发展目标，步行和自行车交通是建设宜居城市的重要内容。从全球来看，步行和自行车交通经历了由兴盛到被忽略，再到复苏与兴盛的发展历程。时至今日，它正逐步回归到人们的日常生活中，但其作用和价值已不同于以往。步行和自行车交通不仅是城市交通体系的重要组成部分，还是反映城市精神文明和城市风貌的重要窗口。它在城市交通层面、城市发展层面、景观风貌层面、健康生活层面都具有重要意义。正因如此，在中国，近年来步行和自行车交通得到了越来越多的关注和重视。尤

其是 2012 年以来，国务院及住房和城乡建设部等国家部委先后出台重要文件，要求加强城市步行和自行车交通系统建设，并将步行和自行车作为一种健康、时尚的休闲健身方式加以重视。除了国家层面对步行和自行车交通日益重视外，国内越来越多的城市开始倡导和积极发展步行和自行车交通。

可以说，发展步行和自行车交通是国际趋势，更是一种先进潮流。期待越来越多的中国城市加入到积极发展步行和自行车交通的行列中，让步行和自行车交通生根发芽，为市民创造安全、便捷、舒适、宜人的出行环境和生活空间，让市民拥有越来越多的获得感、幸福感、安全感。

■ **专家观点**

从塑料污染治理到生态文明建设：
浅论政策制定和实施的科学化

王学军

（北京大学城市与环境学院教授）

　　中国是全球塑料生产和消费第一大国，塑料及其制品遍布国民经济和社会生活的各个领域，小到吸管、塑料袋，大到家电、汽车的各种部件。然而，随着消耗量的快速上升，塑料污染问题日益严峻，不但对生态环境和人体健康造成威胁，也是资源的巨大浪费，塑料污染治理问题必须引起高度重视。

　　2020年1月，国家发展和改革委员会、生态环境部联合印发了《关于进一步加强塑料污染治理的意见》，提出了一系列强化塑料污染治理的具体要求和目标。2020年7月，国家发展和改革委员会、生态环境部等九部委又联合印发了《关于扎实推进塑料污染治理工作的通知》，对进一步做好塑料污染治理工作，特别是完成2020年底阶段性目标任务作出了详细部署。

　　强化塑料污染治理已经形成共识，但塑料污染治理又面临着许多困难，一方面各种塑料制品已经深深融入了社会生活中，其方便性使它很难被替代；另一方面国家面临着诸多资源环境问题，如大气污染、水污染、土壤污染以及生态破坏等，与其相比，似乎塑料问题又显得不是那么迫切，政府要思考是否在这个领域投入足够的公共资源；第三，塑料污染治理说起来容易做起来难，它涉及不可再生资源（石油等）的开采和利用、涉及生产和消费等全生命周期过程的污染排放，也涉及回收利用、寻找替代产品的困难，以及处置的问题。此外，塑料问题不但涉及上下游大量企业，更涉及广大社会公众，其难度可想而知。

正因为如此，和生态文明建设其他领域一样，塑料污染治理切忌一哄而起，切忌急功近利，切忌不讲科学。需要考虑如何科学地制定和实施政策，如何科学地实现目标。本文尝试从以下三个角度谈谈小到塑料污染治理大到生态文明建设领域应如何推动政策制定和实施的科学化。

一、强化现代治理体系的构建，用多元共治代替传统管理手段

企业是社会的重要主体，现代社会由于对环境质量的要求越来越高，企业所支付的环境成本也越来越大，因此在很大程度上企业有降低环境成本的意愿，这导致了很多情况下政府与企业变成了"警察与小偷"的关系，政府管理的成本越来越高。但企业追求降低环境成本也不是无限的，企业最终的目标是把产品销售出去从而获得利润，随着公众环境意识的逐步增强，企业需要考虑其社会形象，需要"染绿"自己，这就为现代治理体系的构建提供了千载难逢的良机。

按照联合国全球治理委员会（CGG）的定义，治理是指"各种公共或私人机构管理其共同事务的各种方法的总和，是使各种冲突或利益得以调和，并采取联合行动的持续过程"。治理体系通常是指政府、企业和公众等多利益主体通过行使和分配政治、经济、行政权力来管理国家或公共事务。因此，现代治理手段与传统管理手段的核心区别就在于它强调多利益主体的高度参与，从而形成共赢的局面。我们所常见的自愿协议／自愿行动、绿色供应链构建等都是现代治理体系中的重要实施手段，可以大大降低政府管理成本，并取得很好的治理效果。

　　近年来党和国家不断推进国家治理体系和治理能力的现代化，党的十九届四中全会通过了《中共中央关于坚持和完善中国特色社会主义制度、推进国家治理体系和治理能力现代化若干重大问题的决定》。2020 年 3 月发布的《构建现代环境治理体系指导意见》提出了到 2025 年建立包括领导责任体系、企业责任体系、全民行动体系、监管体系、市场体系、信用体系、法律法规政策体系在内的环境治理体系。《关于进一步加强塑料污染治理的意见》也提出要发挥企业主体责任，形成政府、企业、行业组织、社会公众共同参与塑料污染治理的多元共治体系。

　　一些国内大型企业和在华跨国企业开展了多项绿色行动计划，推动绿色供应链管理，起到了很好的引领作用。美团外卖积极推动绿色包装供应链和包装物回收，其"青山计划"的 2025 年目标提出，要建设绿色包装供应链，为平台全量商家提供外卖包装可回收、可降解或可重复使用的解决方案；促进回收再生市场化机制建设，联动产业上下游在全国 20 个以上省份建立常态化餐盒回收体系；加强消费者引导激励，促进 1 亿用户践行无须餐具等可持续消费行为。北京奔驰带领 400 余家一级供应商，全部签署绿色制造承诺书，建立严于国家绿色工厂认定的北京奔驰绿色供应商准入标准，已经对10 家供应商试点开展北京奔驰绿色认证，并推动更多的供应链企业建设成为国家级的绿色工厂。

　　自愿协议是另一个提高现代治理能力的手段。在自愿协议中，政府和企业（或代表企业的行业协会）签订自愿达到一定环境和资源目标的协议，自愿协议为企业规定清晰的、可测量的环境和资源目标，并包含有效的责任机制。政府部门则对企业的表现进行监督，也提供激励措施，如在媒体上公布企业的成果，引导公众、政府优先采购这些企业的产品等。企业可通过履行协议节约资源、减少污染，提高信誉，获得经济效益，政府则减少了监管成本。自愿协议一个成功的例子是英国通过气候变化税和气候变化协议的共同实施，推动了温室气体减排。在英国，政府设定了温室气体减排目标，并采取了自愿协议的思路，将气候变化税与气候变化协议配合使用，凡与政府签订气候变化协议，给出减排定量承诺的企业或商业组织，均可获得大幅减税。最终通过这种手段，大幅削减了温室气体排放。《关于进一步加强塑料污染治理的意见》提出到 2025 年，地级以上城市餐饮外卖领域不可降解一次性塑料餐具消耗强度下降 30%。实现这一目标，自愿协议可以成为一个重要的推进手段。

二、全面开展产品全生命周期分析，科学地寻找最佳治理途径

开展塑料污染治理乃至生态文明建设，要强调全生命周期，统筹考虑资源、环境、经济效率。最早的生命周期分析可追溯到 20 世纪 60 年代末，由于能源危机的出现，一些企业开始评估产品全生命周期的能耗问题，以提高能效，如可口可乐公司对各类饮料容器从原材料采掘到废弃物最终处理全过程进行的跟踪与定量分析。生命周期分析有助于我们识别一些看起来是常识，但有可能是错误的观念，从而更科学地推动政策的制定和实施。

例如有研究显示，日本和德国的环境部门对 PE 塑料袋、纸袋开展了生命周期评价，其结论是：能量和水消耗比较，以塑料袋为 1 计，纸袋生产过程能耗为 2，水耗为 12。资源消耗方面，以生产 5 万个包装袋为基础，塑料袋需 PE 1000kg，纸袋消耗纸 2500kg，折合成木材为 5000kg。大气污染和水污染方面，以塑料袋为 100 计，纸袋的 SO_2 排放为 284，NO_x 为 159，CO_2 为 640，COD 为 21560。另一项研究结果显示，可重复使用塑料袋如果使用 4 次以上，将比纸袋或可降解塑料袋更环保。关于可降解塑料，也需认真进行科学研究。除了真正的生物降解塑料，市场上还有可以机械性分裂的"伪降解"塑料，分解后的塑料颗粒反而成为危害较大的微塑料。一些塑料需要堆肥降解，但很难有专门为这些废物准备堆肥的措施。在回收方面，传统塑料袋与可降解塑料袋很难区分，如果不区分而统一制作塑料颗粒，则将影响产品质量。用国际市场的生物原料（如玉米）生产生物降解包装物，也

会受到市场价格甚至国际政治因素等的影响。

三、开展全面的政策成本收益分析，实现污染治理社会成本最小化

政策的制定和实施应进行成本收益分析。政府手中有多种政策工具，如何选择更低成本的政策组合，需要认真研究。例如，当一个地区不同企业的污染治理成本曲线不同时，征收环境税比制定严格的排放标准具有更低的总治理成本，合理的政策可以节约大量资金。

延伸来看，制定资源环境政策需要全面考虑其社会经济影响，并作出正确的选择。例如，地方政府可能十分关注政策对当地 GDP 的影响，但实施政策导致的某些行业的生产水平下降可能被资源循环利用产业、节能产业、环保产业的兴起而抵消，因此 GDP 可能会下降，但也可能提高。对于就业的影响也是如此，它取决于受政策影响的传统产业和新兴的资源循环利用等产业的劳动密集程度。制定资源与环境政策需要特别考虑低收入阶层的承受力，例如，对原油开采和塑料产品按一定税率征收环境税或资源税，老百姓餐桌上的食品会涨价多少？环境税的影响集中于资源、能源密集产业，而生活必需品如水、电、气等对环境税敏感，且这些产品需求弹性小，企业容易把税负转嫁给消费者，这就需要在制定相关资源环境政策时开展全面的量化测算，合理设置税率，或将税收收入的一部分通过社会保障机制进行再分配。

总之，小到塑料污染治理，大到生态文明建设，都需要采用科学的手段。近年来党和国家提出了一系列顶层设计思想，但实践过程中一些地方出现了政策落实走偏的现象。《关于进一步加强塑料污染治理的意见》和《关于扎实推进塑料污染治理工作的通知》既提出了明确的塑料污染治理目标，也给出了大量可操作的管理和政策工具。要加强研究，根据各地区实际情况，构建塑料污染治理的短期对策和长效机制，加强多方参与，推动有关目标的如期实现。

本篇关键词

复工复产：指企业恢复正常生产经营活动。2020 年 2 月 3 日，中央提出"要在做好防控工作的前提下，全力支持和组织推动各类生产企业复工复产"。3 月 4 日，中央强调"根据疫情分区分级推进复工复产"。4 月 8 日，中央首次提出"全面推进复工复产"。4 月 17 日，中央政治局召开会议，指出"全国复工复产正在逐步接近或达到正常水平"。

健康码：健康码是以真实数据为基础，由市民或者返工返岗人员通过自行网上申报，经后台审核后，即可生成属于个人的二维码。该二维码作为个人在当地出入通行的一个电子凭证，实现一次申报，全市通用。健康码的推出，旨在让复工复产更加精准、科学、有序。2020 年 12 月 16 日，"健康码"入选国家语言资源监测与研究中心发布的"2020 年度中国媒体十大新词语"。

安心码：依托于大数据技术，通过在不同位置绑定二维码，由用户扫码登记，建立时间—人—码—地点的数据关系，能够实现在疫情发生后快速开展双向追踪：既可以用一个地点来去寻找人员线索，又可以根据一个确诊病患，查看其去过哪里、接触过哪些相关的人等，有力支持政府防疫工作。主要应用于餐饮、商超、店铺、社区、办公楼宇、公共交通工具等场景。

夜经济一线城市：夜经济，是指从当日 18 时至次日凌晨 2 时所发生的服务业类经济活动，几乎涵盖了商业、交通运输业、餐饮业、旅游业、娱乐业等所有第三产业。夜经济一线城市一般是从夜间消费、出行规模以及产业创新力、商圈流量等多个维度进行衡量，综合指数领先的城市。因不同城市衡量维度不尽相同，一线城市排名存在一定差异，但整体而言，我国在城市夜经济发展方面南方略高于北方。

慢行交通：全称"慢行交通系统"，指把步行、自行车等慢速出行方式作为城市交通的主体，引导居民采用"步行 + 公交"的出行方式来缓解交通拥堵现状，减少汽车尾气污染，从而营造舒适、安全、便捷、清洁、宁静的城市环境。

善的探索

乡村振兴篇

由全面小康迈入新发展阶段
乡村振兴"接棒"脱贫攻坚

"经过全党全国各族人民共同努力,在迎来中国共产党成立一百周年的重要时刻,我国脱贫攻坚战取得了全面胜利"[1],2021年2月25日,习近平总书记在全国脱贫攻坚总结表彰大会上庄严宣告。

从1986年成立扶贫办,到2021年实现全面脱贫,35年来,我国的脱贫工作取得了举世瞩目的成就:贫困人口累计减少7亿多人,对全球减贫贡献率超过70%,提前10年实现联合国2030年可持续发展议程[2]的减贫目标。随着贵州省最后9个贫困县退出贫困县序列,中国832个贫困县全部摘帽,全国建档立卡贫困人口人均纯收入也由2016年的4124元增加到2019年的9057元,年均增幅30%。一系列数据见证了人类历史上最伟大的脱贫奇迹。

脱贫攻坚战取得全面胜利后,下一步"三农"工作的重点将转向乡村振兴。由于我国发展不平衡不充分的问题在乡村最为突出,因此实施乡村振兴战略对于全面推进社会主义现代化建设而言具有至关重要的现实意义。

近年来,数字经济成为推动经济高质量发展的新引擎,也成为推动脱贫攻坚和乡村振兴有效衔接、平稳过渡的重要力量。数字经济的"下乡"让外

---

① 习近平:《在全国脱贫攻坚总结表彰大会上的讲话》,人民出版社2021年版,第1页。

② 联合国2030年可持续发展议程于2016年1月1日正式启动,新议程呼吁各国采取行动,为今后15年实现17项可持续发展目标而努力。

卖运营、民宿推广、直播运营等数字化经营方式在农村成为可能，藏在深山的农产品顺着社区电商链路走上城市餐桌，不为人知的小众景点成为热门"网红"，与此同时，实现家门口就业的村民，也更加安心与放心了。这种可喜的变化，让人深刻地感受到农村与城市的鸿沟正在逐渐弥合，更让我们对实现乡村振兴有了更大的信心。

▶ 家门口就业　用工务工两头甜

"现在虽然在老家上班，但是比我以前去大城市挣得还多。"来自贵州省晴隆县茶马镇的杨政林 2020 年 5 月开始在县城做外卖骑手。虽然是一名新手，但送货快、有礼貌，算上顾客打赏每个月能挣 6000 多元。

杨政林说，做外卖骑手工作稳定，在家门口也能干，方便照顾父母。不仅如此，上班时间灵活、就业门槛相对较低、收入有保障，对于大多数学历不高的人而言，外卖骑手是个还不错的职业。在家门口送外卖也成功让曾为建档立卡贫困户的杨政林实现了"消档"。

在脱贫攻坚战中，亿万人口顺利实现脱贫，杨政林只是其中之一。党的十八大以来，以习近平同志为核心的党中央团结带领全党全国各族人民，把脱贫攻坚摆在治国理政突出位置，充分发挥党的领导和我国社会主义制度的政治优势，采取了许多具有原创性、独特性的重大举措，组织实施了人类历史上规模最大、力度最强的脱贫攻坚战。经过 8 年持续奋斗如期完成了脱贫攻坚目标任务，现行标准下农村贫困人口全部脱贫，贫困县全部摘帽，消除了绝对贫困和区域性整体贫困，近 1 亿贫困人口实现脱贫，取得了令全世界瞩目的重大胜利。

脱贫摘帽，不是终点，而是新生活、新奋斗的起点。虽然我国脱贫攻坚成果举世瞩目，但是当前我国发展不平衡不充分的问题仍然突出，巩固拓展脱贫攻坚成果的任务依然艰巨。

就业是民生之本，从已有的脱贫经验来看，针对贫困人口的就业帮扶不仅是最精准的帮扶，也是巩固扶贫脱贫成果、防止已脱贫人口返贫的最有效措施。2020 年 3 月 6 日，习近平总书记在决战决胜脱贫攻坚座谈会上强调了就业扶贫对脱贫攻坚的重要意义：“多措并举巩固成果，要加大就业扶贫力度，加强劳务输出地和输入地精准对接，稳岗拓岗，支持扶贫龙头企业、扶贫车间尽快复工，提升带贫能力，利用公益岗位提供更多就近就地就业机会。”①

徐应谱的老家位于皖西边陲、大别山腹地的革命老区金寨县，这里也曾是安徽省最穷的 5 个贫困县之一。迫于生计，徐应谱常年在外漂泊打工，干着又脏又累的装潢工作。

“我打工一年的收入也就 5 万多元，但在外没有归属感，老婆孩子都留在老家。”在外打工的徐应谱十分期盼回到家人身边工作。

2020 年，他的愿望因为一个名叫“希望小镇”的项目实现了。该计划是当地政府与华润集团合作，旨在通过与当地农民成立专业合作社，共同种植猕猴桃等项目来创造更多就业机会。得知此机会的徐应谱果断回到老家，本来就能干的他回家后更有干劲，也有更多的时间陪伴自己的家人。据徐应谱介绍，在“希望小镇”项目的帮扶带动下，当地不仅出现了外出务工人员的返乡潮，而且建档立卡贫困户已经全部实现脱贫，收入也大幅增长。

除了像徐应谱这样的就近务工，近年来，以骑手为代表的新就业形态也呈现蓬勃发展之势，依托数字技术助力，灵活性强，工作时间自由，骑手已经成为许多贫困地区人口实现家门口就业的重要途径，也成为贫困人口增加收入、实现稳定脱贫的有效手段。

以美团外卖平台为例，2020 年，在脱贫县获得收入的骑手达到 10.3 万人，同比增长 42%。截至 2020 年底，累计超过 950 万名骑手通过美团平台实现就业增收，其中包括约 230 万名来自脱贫地区的骑手。八年来累计约 60 万建档立卡贫困骑手在美团实现就业增收。

近年来，国家加大乡村地区的基础设施建设，硬件的逐步完善为更多贫

---

① 习近平：《在决战决胜脱贫攻坚座谈会上的讲话》，人民出版社 2020 年版，第 10—11 页。

困人口实现家门口就业奠定了坚实的基础。地方产业和经济的发展为贫困人口提供了家门口就业的岗位，贫困人口家门口就业也带动了地方产业的发展和壮大，形成了正向的良性循环。

从 2004 年起，我国开始系统性地推动"村村通"工程，促进农村公路、有线电视、网络和快递等基础设施和服务的完善。在农村公路建设方面，2005 年我国农村公路总里程为 290 万公里，2017 年全国农村公路通车里程首次突破 400 万，到 2020 年 9 月底，全国农村公路总里程已达 420 万公里，基本实现具备条件的乡镇和建制村通硬化路、通客车，农村"出行难"成为历史。① 得益于"村村通"工程，偏远地区的农产品直达城市居民的餐桌有了现实的条件，加之数字经济的快速发展，又进一步推动了农产品上行，助力脱贫攻坚。

脐橙喜获丰收

---

① 数据来源于历年《公路水路交通运输行业发展统计公报》及《交通运输行业发展统计公报》，交通运输部官网：《我国农村公路总里程超四百万公里农村"出行难"成为历史》，http://www.mot.gov.cn/guowuyuanxinxi/202010/t20201022_3479107.html。

湖北省秭归县是屈原故里，也是国内首个"四季有鲜橙"的产区，得益于特殊的气候环境因素，秭归的脐橙糖分充足、香气浓郁。曾是国家级贫困县的秭归，近年来大力发展脐橙种植业，不仅于 2019 年退出了贫困县序列，还出现了多个销售脐橙年产值过亿的"亿元村"，郭家坝镇王家岭村就是其中之一。

2020 年初，受新冠肺炎疫情影响，湖北交通受阻，秭归春橙滞销。在此背景下，美团优选"农鲜直采"计划与秭归脐橙"牵手"。王家岭村村主任马尚军表示，以前销售橙子主要靠线下，市场行情信息不对称，代办收货时常常压价。"农鲜直采"随市场行情变化，减少中间环节，收购价也比以往高出不少。

截至目前，通过美团优选销售的郭家坝橙子数量已超过 100 万斤。不少橙子还卖往湖南、江苏、广东等地。集中采购、以销定采的模式让橙子卖得快也更新鲜、减少损耗，农民不愁销路，也不用担心被代办压价。

和秭归县一样，大姚县也是搭乘"数字快车"实现脱贫致富的典范。大姚县位于云南省楚雄彝族自治州西北部，曾是国家扶贫开发工作重点县。大姚县虽有着"中国核桃之乡"的美名，却面临着山里有货运不出去，运出去了成本又太高，卖不上价钱的难题。2019 年，拼多多在该县黄家湾村投资 85 万元成立了大姚彝王核桃专业合作社，搭建了"电商平台＋合作社＋农户"合作平台，村民王成兴借此机会加入村内合作社之后，扩大了核桃种植面积。收获期一到，光是售卖核桃给合作社这一项，就收入 2 万多元。算上合作社社员分红和平时打零工的收入，他家在当年就脱了贫。

绿水青山就是金山银山，经济发展水平低的贫困地区往往产业基础薄弱，但旅游资源丰富，开发乡村旅游资源，不仅可以增加本地就业机会，还可以让旅游业成为贫困地区经济发展的支柱产业，实现脱贫摘帽。

近年来，国家相关部门先后印发和出台了《乡村旅游扶贫工程行动方案》《关于打赢脱贫攻坚战三年行动实施方案》《"十三五"时期贫困地区公共文化服务体系建设规划纲要》《关于支持深度贫困地区旅游扶贫行动方案》等多项政策文件。同时积极开展全国旅游规划的公益行动，组织编制了

765 个旅游扶贫规划，特别是在"三区三州"这些深度贫困地区 240 个重点村，帮助他们编制规划、明确思路，加强资源开发。通过发展旅游，联通城市和乡村，连接市民和农民，促进城乡互动和协调发展。

各地政府积极响应，大力发展乡村旅游新业态，助力脱贫攻坚。据不完全统计，重庆全市共有 2060 个村开展乡村旅游接待，建设乡村旅游扶贫基地 8730 个，带动 33 万贫困人口脱贫增收 [1]；广西全区乡村旅游共接待游客 12.99 亿人次，实现旅游消费 8620.74 亿元 [2]；安徽省"十三五"以来累计扶持了 333 个乡村旅游扶贫重点村，带动 40 万人脱贫 [3]。乡村旅游已然成为各地旅游发展的一大亮点和助力脱贫攻坚的有力抓手。

以贵州省晴隆县为例，这个有着壮美的湖光水色和民族风情的地区因为缺乏有效的宣传，导致游客寥寥无几，2019 年全年晴隆县最具代表性的景点"二十四道拐"旅游人数只有 12.8 万人次，与之对比，相隔 1 小时车程的黄果树瀑布仅"十一黄金周"就接待了 199.7 万人次。

2020 年 8 月，晴隆县与美团签订"新起点在县"县域扶贫战略合作框架协议，当地旅游公司通过与美团的合作，可以将古茶籽化石发现地、阿妹戚托小镇等重点旅游资源对接门票预约管理系统，游客可以很方便地在手机里查询到景区信息，提前购买景区门票或参加旅行团行程。同时，通过专场直播、线上推广、流量扶持等多种方式，也让更多省内和全国游客知道并喜爱晴隆美景，让晴隆"美景出山""游客进山"。

就业是最有效的扶贫，促进贫困人口就业增收也是打赢脱贫攻坚战的重要内容。现如今，通过推动偏远地区农产品上行、发展乡村旅游等多种形式，贫困人口不必再背起行囊远赴大城市打工谋生，就近就能实现安心就业，在熟悉的乡音中与家人团聚开启新生活。

---

[1] 《重庆：33 万脱贫人口吃上"旅游饭"》，澎湃新闻，2021 年 1 月 17 日。

[2] 《乡村游成为广西旅游亮点，实现旅游消费 8620 亿元》，新华网，2021 年 1 月 27 日。

[3] 《安徽"十三五"扶持 333 个乡村旅游扶贫重点村带动 40 万人脱贫》，新华社，2020 年 12 月 3 日。

回到家乡送外卖，安心脱贫有奔头

晴隆县位于贵州省西南部、黔西南州东北角，是我国最后一批实现脱贫摘帽的 52 个国家级贫困县之一。27 岁的郑金鹏就出生在这里，他也曾是这里的建档立卡贫困户。为了赚钱，郑金鹏外出打工 10 年，做过深圳富士康的流水线工人、做过餐厅服务员、做过保安……但在外多年的漂泊，不仅让他没有归属感，也没有使他摆脱贫困。

2020 年初，有朋友介绍郑金鹏去做美团骑手，但他不肯，他在心底产生疑问："晴隆这么大点地方，会有这么多外卖吗？"于是春节后他又跑去贵阳做保安，月收入 4000 元，每天值夜班，几个月干下来痛苦不堪。这都是其次的，一想到家里还有生病的老父亲，郑金鹏心里就感到愧疚和难过，于是他终于下定了决心，在 6 月份辞职回乡，打算送外卖试试。

2020 年 6 月 21 日，在县城上班的第一天，郑金鹏就接到 40 余单，单日收入超过百元。他完全没想到晴隆县城有那么多商家开通了外卖服务。根据美团方面的数据，晴隆县 3 年时间内上线美团平台的商家已从 28 家上升到 168 家，而县域商户"上线"势必需要匹配更多外卖骑手。7 月份，郑金鹏完成了 1700 多单的外卖配送，当月收入 8000 余元，这也是他 10 年来拿到的最高月收入。他这钱拿得坦然，因为"一分付出，一分回报"。郑金鹏现在每周都能回家看望 70 多岁的父亲，内心踏实，他决定："不去大城市了，还是家乡好。"

和大城市一样，晴隆县每天的外卖也是从早餐开始，在夜宵中结束，下午则是奶茶的主场。"90% 是年轻人在点外卖，本地人的比例很高。"郑金鹏说，自己每天约完成 60 单。这还不是拔尖的业绩，2020 年 6 月，晴隆县有 3 位骑手月收入近 1 万元。这激发了郑金鹏的好胜心，"看到别人在冲，自己也不敢偷懒放松"，他常常从早上 9 点工作到凌晨 12 点，并找到了高收入的诀窍，"送得越快，单自然就多"。郑金鹏目前已经实现了脱贫，他计划做几年骑手后，凭积攒下的本钱去创业做养殖。

▶ "志智"双扶不停步
乡村振兴有动力

授人以鱼，更要授人以渔。

中粮旗下长城葡萄酒多年来在宁夏、山东等地大力发展葡萄种植产业，兴建酒庄。当地村民用自己的土地入股，坐在家中就可以按股份完成分红。不仅如此，中粮集团还通过组织产业技能培训，提升当地农民种植户的农业、创业技能，培育贫困群众依靠自力更生实现脱贫致富意识，充分调动起贫困群众自身的积极性、主动性和创造性。

随着我国脱贫攻坚取得决定性胜利，"三农"工作的重心开始向乡村振兴转移。在推动脱贫攻坚向乡村振兴有效衔接的过程中，人的因素至关重要，需要充分调动和发挥群众的主观能动性和创造力，将外部"输血"式扶贫与内部"造血"脱贫相结合。扶贫先扶志，扶贫必扶智，"志智"双扶不仅是打赢脱贫攻坚战的重要支撑，更是实现乡村振兴的重要动力。

扶志，就是要淡化贫困意识，树立脱贫致富的志气，增强摆脱贫困的信心；扶智，则是要加强文化教育和技能培训，提高贫困人口素质，增强自我谋生技巧。既扶志又扶智，才能有效巩固脱贫攻坚成果，助推乡村振兴，而这背后则是对教育和技能培训普及的更高要求。近年来，数字经济的快速发展正在成为逐渐弥补这一鸿沟的有效方式。比如，在儿童教育层面，好未来就尝试以"科技＋教育"结合形式引导教育发达地区与薄弱地区通过信息化实现结对帮扶，将优质教育资源引入有需要的地区和学校，缓解教育资源分配不均衡的问题。

杨淞宇是云南省保山市昌宁思源实验学校七年级的学生，平时喜欢钻研数学问题，他的梦想是考上全国最好的大学，然而这个梦想却被现实阻断了。因学校地处偏远，没有良好的教育资源支持成为他追求梦想最大的阻碍。

2019 年，杨淞宇所在的学校接触并使用了好未来的智慧课堂系统教育产品，该产品可以将外面的知识和信息输送到这偏远的山区学校，让偏远山区的孩子们也能享受到发达城市的孩子们一样的优质教育资源。从那时起，杨淞宇觉得自己离心仪的大学不再遥远。

除了贫困地区的义务教育，技能培训可以帮助贫困人口掌握一技之长，并以此为脱贫致富手段。2020 年以来，农业农村部探索建立产业技术顾问制度，帮助解决贫困地区在产业选择、政策咨询、科研攻关、技术服务等产业全链条中的发展难题。先后出台《关于加强农业科技工作助力产业扶贫工作的指导意见》《关于组建贫困县产业扶贫技术专家组的通知》等政策文件，充分发动全国农业科教力量，指导组建 4100 多个扶贫专家组，在广大贫困地区送品种、送技术、送服务，一些地区已经出现科技扶贫的样板。[①]

青稞是甘肃省甘南州的主要粮食作物，但由于种植技术落后，产量常年徘徊不前，当地藏族同胞的收入不容乐观。

原有技术落后，就推广先进技术。天津农学院种子科学与工程系主任赵飞带领技术帮扶团队在不同类型青稞种植区集中连片地带，累计建成青稞增产技术集成示范基地 1500 亩，以生物技术为辅助，提供优良青稞品种。

2020 年 9 月，专家组对示范基地进行了验收，经现场测产，示范田亩产 224 公斤，较当地平均基础亩产 150 公斤增加 74 公斤。亩产提高了，藏族同胞的收入自然也就增加了，科技成为脱贫路上的"好帮手"。

不只是农业技术的提升可以帮助村民致富，乡村旅游的专业化培训同样可以实现增收。前文提到，贫困地区可以利用得天独厚的生态条件发展乡村

---

① 《2017 年以来，农业农村部累计培训产业扶贫带头人 83.3 万人》，《人民日报》2020 年 12 月 25 日。

旅游。作为乡村旅游发展的重要载体，民宿和农家乐的发展可以反哺当地乡村旅游业，并通过旅游业继续推动自身发展，形成正向循环。然而，美团发布的《中国贫困地区乡村旅游发展报告》显示，全国多地民宿和农家乐存在客源性质单一、获客方式传统、经营淡旺季明显、景区依托性强、合作意识薄弱、成本效益低和品质参差不齐等十大问题，以获客方式为例，贫困地区民宿、农家乐的宣传推广手段较为传统且单一，70.13%的经营者客源来自回头客的介绍，接近四分之一的经营者没有任何宣传推广。多数民宿、农家乐都希望进行网络推广，但实际使用网络推广的只有三成左右。

河北张北县德胜村开展民宿培训活动

李阿姨是河北省张北县德胜村"老秦民宿"的经营者，2019年夏天，她的民宿正式开始运营，并且在民宿预订平台上线，勤快的李阿姨收拾好一切，静待源源不断的客人上门。然而现实却给她泼了盆冷水，整整4个月，自家民宿就从平台上接到3单生意，其中2单还是在国庆节期间拿到的。到底是哪里出现了问题?

2019 年底，她带着问题来到村头的德胜村村委会会议室，这里正在开展一场有关乡村民宿经营的培训会。会议桌两边坐着数十位衣着朴素的德胜村中年妇女，她们一边紧盯会议室投幕上的 PPT，一边听着培训老师的讲解，遇到不懂的地方也会及时向培训导师提问。

一堂培训课或许不能一下子解决全部的问题，组织方美团民宿的相关负责人表示，这次的培训仅仅是一个开始，后续还会有其他落地动作，从观念、意识、经验多方面帮助村民提升经营能力。

美团自 2019 年 4 月起在贫困县免费开展"新青年追梦计划"就业创业扶贫培训，将美团大学"打造生活服务业数字化人才大本营"工作与扶贫紧密结合，依托其外卖运营、酒店管理、民宿服务、乡村旅游、互联网营销等课程，为贫困地区旅游、酒店、民宿、餐饮等服务从业人员提供培训辅导、集中示范的现场教学，帮助其掌握利用网络引客的方法。截至 2020 年 9 月底，"新青年追梦计划"就业创业扶贫培训已经在全国 9 个省市完成 31 场实操培训，培训学员近 5000 人次。

作为脱贫攻坚的接续战略，全面推进乡村振兴关键在于激发内生活力，增强内生发展动力，提升内生发展能力，走内生型乡村振兴之路。数字经济在其中扮演了重要的角色，通过加快推动农业数字化转型，进一步解放和发展数字化生产力，驱动以知识更新、技术创新、数据驱动为一体的乡村经济发展，整体带动和提升农业农村现代化发展，早日绘就乡村振兴的蓝图。

> **延伸阅读**
>
> ### "粤菜师傅"技能培训，农户致富"加速器"
>
> 一辆小型货车，满载着十几套折叠桌椅、板凳和锅碗瓢盆，45岁的谢俊明开着他的"流动餐厅"出发了。
>
> 在广东和江西两省交界的南岭山区，农村的人们喜欢把红白喜

事、满月酒、寿宴等摆在村里的祠堂或是场院里。谢俊明就是这样一位游走在乡村，送厨上门的"流动大厨"。

"现在农村生活条件好了，宴请的机会多，村里没有饭店，我就自带厨具餐具揽起了这个生意。"谢俊明穿起白色的厨师服，立即气场十足，神采飞扬，"我是持证厨师，不是杂牌军。"

广东省在"吃"上下功夫，2018 年开始实施"粤菜师傅"工程，通过技能培训让谢俊明这样的城乡劳动者获得厨师技能，实现脱贫致富。目前，全省已开展粤菜师傅培训 5 万人次，有 1.1 万名贫困人员接受了培训。

因为家境贫寒，谢俊明 20 岁出头就外出打工，一直在酒店餐厅的后厨帮忙。几年前，谢俊明结束了漂泊的打工生涯，回到家乡广东南雄市，先是摆摊做宵夜，后来又发现了承包乡村流水席的路子，可他一直不敢开个固定的档口。"我是自学的野路子，没信心。"

2019 年 7 月，一则"广告"改变了谢俊明的境况：当地政府举办"梅岭鹅王"厨师争霸赛，为参赛者提供集中厨艺培训。"省城来的粤菜大师给我们上课，学了很多营养知识、烹饪技巧。"这次学习让谢俊明开了眼界。

在比赛中，谢俊明获得了优胜奖，经过培训考核合格还获得国家中级中式烹调师资格证。"政府出钱让我学习，拿到厨师证，我的信心更足了。"

2019 年 10 月，谢俊明在县城租了房子，有了自己固定的店铺，来订宴席的人可以先在门店试吃两三道菜。"开业两个月就接了 300 多桌的订单，大家都知道我拿了奖，是大师傅。"他骄傲地说。①

---

① 《调料和炒勺中的中国乡村脱贫路》，新华社，2020 年 6 月 18 日。

本篇关键词

脱贫攻坚：一般指脱贫攻坚战，是习近平总书记在 2015 年 11 月 27 日至 28 日召开的中央扶贫工作会议上发表的重要讲话强调的内容。他强调，消除贫困、改善民生、逐步实现共同富裕，是社会主义的本质要求，是我们党的重要使命。坚决打赢脱贫攻坚战，确保到 2020 年所有贫困地区和贫困人口一道迈入全面小康社会。

乡村振兴：一般指乡村振兴战略，该战略由习近平总书记于 2017 年 10 月 18 日在党的十九大报告中提出，农业农村农民问题是关系国计民生的根本性问题，必须始终把解决好"三农"问题作为全党工作的重中之重，实施乡村振兴战略。

就业扶贫：指通过就业援助、就业培训、产业带动就业、创业带动就业等措施，提升贫困劳动力就业创业能力、帮扶贫困劳动力实现稳定就业，促进贫困家庭尽快脱贫。

旅游扶贫：指通过开发贫困地区丰富的旅游资源，兴办旅游经济实体，使旅游业形成区域支柱产业，实现贫困地区居民和地方双脱贫致富。

教育扶贫：指通过在农村普及教育，使农民有机会得到他们所要的教育，通过提高思想道德意识和掌握先进的科技文化知识来实现征服自然界、改造并保护自然界的目的，同时以较高的质量生存。

农产品上行：指将农产品及其衍生品与互联网相结合，采用多项高新技术打造出的农业闭环生态链系统，能利用各方资源孵化出一个产、供、销、存一体化的平台。

公益篇

互联网公益新时代
爱心表达新方式

　　对于我国社会公益事业而言，2020 年是一个重要的年份，在抗击新冠肺炎疫情的战斗中，在脱贫攻坚的战场上，在创新社会治理与第三次分配的大潮中，公益事业的重要作用被一次次证明。

　　疫情的暴发和蔓延，极大地激发了社会力量参与公益事业，从年初的志愿者车队，到关注女医护人员的"姐妹战疫"志愿组织，无数英雄背后的"逆行者"借助互联网渠道为抗疫筹措资金和物资、及时传播疫情相关有效信息，通过"云端抗疫"的形式作出自己的贡献，成为全民"战疫"中一股不可忽视的力量。与此同时，我国的脱贫攻坚工作在 2020 年取得了举世瞩目的胜利，消除了亿万人口的绝对贫困，绝对贫困向相对贫困的转化也让公益事业产生了阶段性的变化：贵州大山里，海嘎小学的"未知少年"摇滚乐队感动了亿万网友；北京市郊的爱心棒球基地里，一群来自全国各地的困境少年，通过一部叫《棒！少年》的纪录片走上了大荧幕，并赢得了第 14 届 FIRST 青年电影展上最久的掌声。人们不再仅仅关心公益受助人的生存需要，也开始更多关注他们的精神世界和发展型需求。无论是公益的组织方式，还是公益项目本身的内涵，都比以往更加丰富多元了。

　　互联网、大数据、人工智能、区块链、5G 等现代信息技术正在加速与公益事业融合，并且融入地越来越深入。从早期的公益信息披露、提供网络支付手段，到如今公益的履约和执行过程透明可追溯，"托付"善举的方式变得更有科技含量，也让公益捐赠变得更值得信赖。从公益"筹款链"到"寻人链"，技术的进步为公益事业开拓出了更多想象空间，而科技与公益的结合，也让科技变得更加温暖，使互联网公益的力量成为持续助推经济社会发展的动力。

公益因科技更透明 人们捐得更放心

2021年初的一天，贵阳市舒心酒店的店长黄芮萱一行人来到贵州某山区幼儿园，实地察看了汇集了自己的爱心捐赠而修建成的运动场。这一天也正好是她的结婚纪念日，所以她记忆深刻。

"当我亲眼看到这个运动场时，就顿时觉得我参加的公益活动十分有意义，自己日积月累的微薄力量也能为山区的小朋友带来很大帮助。"

曾经是一名中学英语老师的黄芮萱在大学时就热衷公益，多次参加支教活动。结婚后，她辞职盘下一家酒店，虽然没有经验，但可以边做边摸索。一次偶然机会，她看到了美团的公益商家计划，不假思索便参与其中，虽然每笔捐赠的数额很小，但她却可以通过商家后台的公益档案，知道自己的每笔款都去了哪，捐款全流程的透明和可追溯让她觉得十分放心，并将这个活动推荐给了更多做酒店的朋友们。她觉得，做公益并不需要捐很多钱，只要每个人都献出一小份力，就能拧成一股绳，帮助更多人。

黄芮萱所参与的美团酒店公益商家计划发布于2019年，旨在发挥美团生活服务业平台链接的优势，满足酒店商家参与公益的诉求。酒店与平台在线签约后，每完成一个订单就自动捐赠一笔小额善款，累计满20元，就可以为贵州偏远山区的幼儿园捐赠一块PP板，成为铺设多功能运动场的标准化材料。这项计划实现了对善款走向的实时追踪，商家可以在后台看到公益账单，并精准定位到自己捐赠的PP板最终铺设在运动场上的位置。美团数据显示，参与此项公益计划的酒店商户已达到3.5万多家，捐赠的善款已经建成了十多个运动场。

美团酒店公益商家在贵州省毕节市织金具马家庄幼儿园捐建的运动场

　　这项美团公益商家计划在增加了商家参与感的同时，也成为公益可视化、善款可追踪的一次重要探索。现代化公益的健康发展不仅要"中华慈善日"等节日的宣传与推广，更要发挥云计算、区块链、大数据等技术优势，探索建立多功能、分级赋权的慈善信息化管理系统，借鉴"最多跑一次"和网上办事经验，推动实现慈善组织信息一码披露、慈善项目一码展示、慈善需求一码发布。2020年8月，中共中央办公厅、国务院办公厅印发了《关于改革完善社会救助制度的意见》，要求各地区各部门结合实际认真贯彻落实。《意见》提出，加强社会救助信息化，推进互联网、大数据、人工智能、区块链、5G等现代信息技术在社会救助领域的运用。

　　将公益慈善与数字技术进行融合，是近几年公益行业发展的热门趋势。阿里巴巴集团在2019年发布了"链上公益计划"，通过区块链技术实现公益捐赠流向跟踪，让捐赠人得以通过支付宝小程序"链上公益"直接查询自己每笔捐款去向，目前，数十家公益机构已合作，累计捐赠笔数超过 30 亿元。其中，壹乐园公益计划、净水计划作为壹基金两个首批上链的项目，分别在 2020 年 5 月 20 日和 28 日全国线上启动。依托于该平台，在项目执行过程中的每一步进展、善款的使用，都变得更加透明，不仅捐赠人能第一时间看到项目执行的情况，受益人的心声也能被聆听。

腾讯可信区块链研究院也推出了"公益寻人链"平台，通过链入多家寻人机构与网站，突破了"信息孤岛"，实现了国内部分寻人公益项目的数据分享，提高了寻人运作的效率；轻松筹自主研发的"阳光链"项目，通过简化流程，公开透明的分布式账本，能够在合作中帮助双方节省大量的人力、时间和材料成本，还可以确保每一笔爱心都实现全程可追溯；华为也正在与相关政府部门以及医院沟通，旨在落实基于区块链技术的公益募捐，通过建立公益募捐链的方式使募捐信息流清晰可控、可查、可管。

无论是美团的公益商家计划，还是阿里巴巴的链上公益，抑或是腾讯"公益寻人链"。"互联网＋公益"已经成为推动公益慈善向全民化、精细化发展的重要力量。而纵观互联网公益发展的十几年，我们也会发现，在我国公益慈善事业的发展进程中，互联网的作用也在发生着变化。从最初公众通过互联网了解公益信息，并树立公益意识，到网络支付工具的出现为公众参与慈善公益事业提供了极大的便利，再到人人公益、随手公益、指尖公益成为潮流，日捐、月捐、零钱捐、一对一捐、企业配捐等形式新颖的捐款种类方兴未艾，公众参与公益的热情不断高涨，参与意识持续提升。这也让互联网成为公众公益慈善的重要参与渠道，据民政部指定的 20 家互联网公开募捐信息平台统计，2019 年，全国共有 108.76 亿人次点击、关注和参与互联网慈善活动，比 2018 年增长了 28.6%，募集善款更是超过 54 亿元，比上年增长了 68%。新冠肺炎疫情防控期间，社会各界通过互联网募集善款 18.67 亿元，参与人次达 4954 万。[①]

① 《2019 年我国通过互联网募集善款超 54 亿元》，新华网，2020 年 7 月 17 日。

随着数字技术的不断进步和创新，互联网公益也在不断地发生着变化。人们随着新技术在公益领域的不断落地和推进，公益行业的信任度将不断提升。未来，更多的机构和个人将能够放心参与其中，真正实现透明开放、人人参与、共同监督的公益新格局。

延伸阅读

科技赋能公益机构，壹基金让善意更透明

壹基金是由功夫巨星李连杰于 2007 年创立的创新型公益组织。2010 年 12 月，深圳壹基金公益基金会作为第一家民间公募基金会在深圳注册。

以"尽我所能，人人公益"为愿景，壹基金搭建专业透明的公益平台，专注于灾害救助、儿童关怀与发展、公益支持与创新三大领域，致力于成为中国公益的开拓者、创新者和推动者。

自 2012 年起，壹基金联合上百家民间公益机构围绕"透明公益一起行动"开展一系列主题活动。壹基金联动这些民间公益组织通过官方网站、微博等渠道一同"晒账单"，主要内容包括捐赠收入、业务活动成本、管理成本、人员薪酬、筹资费用等数据及其所占比例。

随着人工智能、大数据、区块链等技术的不断发展，以及互联网的创新领域不断开拓，基于互联网技术实现科技赋能公益的概念被不断提出。壹基金作为国内头部的公益机构，也积极拥抱新技术，打造透明可追溯的公益，助力科技向善。

2019 年 9 月 5 日中华慈善日当天，壹基金秘书长李弘作为嘉宾参与阿里巴巴第三届 95 公益周线下主论坛的"链上公益计划"启动仪式，壹基金也成为首批"上链"的公益机构。

该计划通过区块链技术，将捐赠数据、善款使用流转记录、入

驻公益机构信息、人员管理信息（机构人员、合作伙伴、受益人）、项目信息(项目基本信息、执行计划、项目预算、项目执行进展等)等数据上链，从而可以将用户在平台的捐赠记录及项目执行、成果和反馈等全链路信息进行存证和展示。壹基金的壹乐园公益计划、壹基金净水计划上链后，有效提升了"项目计划—募捐记录—执行过程—受益动态及反馈—第三方审计评估—社会广泛监督"各环节的资金运营效率。

2020 年，壹基金成为了美团 DTS 善款追踪系统第一个合作的公益机构。该系统可以清晰记录和反馈每一笔捐赠的使用过程，确保每一笔善款都可以透明、高效地用到实处。使用该系统后，壹基金的相关负责人提到了三个关键词：效率、透明和真实。首先，从公益项目的前期筹款、执行到反馈整个链条都很迅速，效率高；其次，该系统能把公益过程中的关键节点实施反馈和呈现给公众，透明度高；最后，系统呈现出来的信息是站在受众角度，真实度高。

"不同于以往公益机构在进行信息披露的时候自说自话，没有站在普通公众角度进行话语表达，美团 DTS 善款追踪系统通过简洁不复杂的流程和反馈，呈现了捐赠人和普通公众，对项目价值和意义等内容最朴实的理解，感知度更强"，壹基金相关负责人表示。

社会力量"云端"抗疫
公益更加关注发展型需求

2020 年，新冠肺炎疫情是无法绕开的词汇，它对我们每个人的生活都产生了或多或少的影响。

对于 25 岁的年轻女孩梁钰来说，这种影响或许更为深远。在疫情开始暴发的 2 月，因为考虑到在前线抗击疫情的女性医务工作人员不易解决月经期的问题，她联合几十位素未谋面的年轻人共同成立了"姐妹战疫"志愿组织，通过互联网的途径，在 1 个月的时间内向 205 所医院和医疗队的超过 8 万名女性医护人员捐赠超过 100 万份生理用品。

在"姐妹战疫"的激发下，梁钰再接再厉，又与其他小伙伴们成立了"予她同行"公益基金，主要关注月经贫困的问题，呼吁人们拒绝月经羞耻，走进乡村，帮助农村女孩认识自己的身体，了解一个女孩该如何健康地长大。与此同时，全国近 500 所高校和中学参与了她们倡导的"卫生巾互助盒"行动，通过一片卫生巾、一个小盒子，公益被无限传递。

如果说 2008 年的汶川地震开启了中国的"公益元年"，唤起了民众的公共意识，带来了慈善公益行业十余年的快速发展历程，那么 2020 年的新冠肺炎疫情冲击无疑是公益慈善行业一个新的重要节点，见证了我国公益事业多元化发展的两个方面。

一方面公益的多元化体现在对受助人的捐赠上，公益不再局限于传统的刚需项目，而更多关注的是发展型项目。"姐妹站疫"的故事就让人看到，对于女性的关照，不是只有捐赠口罩防护物资这些方式。这种对女性的关怀，是一种社会进步的表现，也在一定程度上呼吁了全社会应该建立起更为广泛的尊重女性群体的共识。

2020 年，我国脱贫攻坚取得了决定性胜利，消除了绝对贫困和区域性整体贫困，人们在物质上的匮乏已经得到了很大程度上的解决。根据马斯洛的需求层次理论，当人们的低层次需求得到满足时，往往会追逐更高层次的追求，公益也开始慢慢关注贫困人群的精神世界，尤其是贫困孩童的精神世界。

纪录片《棒！少年》视频截图

纪录片《棒！少年》讲述了一群困境少年学习打棒球的故事。这群少年来自全国各地，被选进北京市郊一个爱心棒球基地，跟着 70 岁传奇教练"师爷"从零开始学习打棒球。通过棒球将这些不同背景、不同性格的少年在一起训练、生活，酸甜苦辣中棒球给了他们努力奋斗的方向，也成为实现人生理想的重要途径。这部片子在 2020 年底上映后，受到观众的广泛好评。在正式上映前，它也赢得了第 14 届 FIRST 青年电影展上最久的掌声。

与之类似，六盘水市大湾镇海嘎村海嘎小学的学生们，在顾亚等老师的带领下学习音乐、组建乐队，通过短视频平台的传播，他们的音乐故事被很多人看到，成为公众关注的焦点。央视新闻在报道此事件时评论说："课本以外的素质教育，往往能够培养孩子的特长，提升他们的综合能力，而这一点曾因条件有限，农村地区的孩子很难接触到。但对于海嘎小学的孩子们来说，快乐来自于走进他们生活的音乐和好老师，他们从此找到了自信，拥有了梦想，遇到了更好的自己。"

公益多元化发展的另一方面体现在公益的组织形式上，自新冠肺炎疫情发生以来，社会志愿组织不断涌现，成为抗击疫情不可忽视的力量。不同于2008年汶川地震后，志愿者们满腔热血前往实地参与救援工作。此次疫情后，由于新冠肺炎具有高度传染性，人们需要通过响应宅家不出门的号召，于是志愿者们便通过线上社群和公共网络，推动信息的高效互通，资金和资源的筹集分配，在"云端"做公益。

在疫情暴发初期，NCP（新冠）生命支援网络第一时间组建起网络救助队。报名通道开启后，在9点到11点两个小时内，就有2000多名志愿者申请报名参与本次行动。疫情防控期间，它直接或间接支持了5000多名新冠肺炎患者，其中超过2000名属于重症，可能占当时全武汉重症患者的约十分之一。孕妇组还在线上和线下支持了1000多名武汉孕产妇，支持时间跨度超过半年，微信群组现在还在发挥影响。

因为重灾区武汉高等院校众多，各地校友纷纷行动起来支援武汉抗击疫情。1月23日晚，武汉大学北京校友会响应号召，发起为武汉大学人民医院、武汉大学中南医院众筹防护物资，短短39小时即筹款1600多万元。不仅如此，武大北京校友会还在4天时间内组建了近百人的核心团队，完成防护服、医用口罩、外科手套、护目镜、空气消毒机等医疗物资的购买和运输工作。同济医学院校友会则依托着庞大的校友网络，通过与各地的一线医护取得联系，及时了解医院急缺物资的一手信息，把医疗物资合理分配给了包括华科附属医院在内的共15家武汉市医院。[①]

社会公益组织借助互联网高效便捷地参与到疫情等救灾活动中，成为一

---

① 《另一场战"疫"，这绝不是一座城的战斗》，澎湃新闻，2020年2月3日。

股不可忽视的公益力量。公益的组织形式更加多元，不同的公益组织形式逐渐构筑起一套全方位立体的公益大军。公益也不再是常规的捐款捐物，对受助人的服务也变得多元，更加关注他们的个性化需求和更高层次的发展型需求，这些新的现象都为中国公益事业的发展注入了新的活力。

延伸阅读

元宝山下的足球梦，放飞孩子们的梦想

2005 年大学毕业后，徐召伟一直在偏远山区从事支教工作。2013 年，他不远千里从新疆来到贵州大方县对江镇元宝小学支教。曾经梦想成为一名诗人的他，没想到会从此之后通过足球改变山区孩子们的命运。

初到元宝小学时，学校只有 4 个老师，作为志愿者，徐召伟什么课程都要教，当然也包括体育。徐召伟大学里喜欢足球，钟爱国际米兰和罗纳尔多。于是有时候拿出足球来，让孩子们在土山包上踢。

2017 年 3 月，校长告诉他，上海有人想给学校捐赠一块人工草皮的足球场，征求他的意见。他毫不犹豫地说："孩子们肯定喜欢。"草皮的捐赠者要求学校必须有块水泥地面，但学校里全是山包，到处坑坑洼洼，平地都没有，哪来的水泥平地，况且修水泥地面要花钱。于是他们到处借钱，最后花了 10 万元，用了一个月的时间，一块 18×30 平方米的小球场终于建好了。为了庆祝球场的建成，草坪的捐赠者从上海带来了七八个孩子，与徐召伟的学校球员进行了一场 5 人制友谊赛，比赛以 3∶3 结束，那是他们的第一场正式比赛。

有了球场球队就要正规化，徐召伟让孩子们报名参加球队，男女球员最后加起来一共有 30 多人，他们天天训练，假期里也不间

断。虽然喜欢足球，但徐召伟从来没有踢过球，为了给孩子们上课，他不断通过观看网上视频学习。"要知道穆里尼奥也不是球员出身。"他笑着说道。

3个月之后，他带领球队参加全县中小学运动会，大多数孩子都是第一次到县城，都非常兴奋，最后男女队都击败所有对手获得冠军。"足球于是成了元宝小学的代名词。"他说，"孩子从县里走到省里，被邀请去观看了中超比赛。"

球队出了名，要求参加球队的孩子越来越多，徐召伟带领孩子们一天练3次，早上从7点练到8点，中午再练1个半小时，下午放学后，他又带领孩子们练到5点。足球给孩子们带来的变化是巨大的。"最大的改变就是孩子变得积极和阳光，非常自信，这些山里的孩子现在和任何人交流，眼睛里都透着自信。"①

---

① 《我把足球当明天——贵州山区支教老师徐召伟的足球故事》，新华社，2019年6月7日。

后疫情时代，新公益演化的三个趋势

——一个多元、包容、互助的数字社会的形成

黎宇琳

自媒体"共益资本论"创始人

　　同是百年一遇的大灾，2020 年的新冠肺炎疫情比 2008 年的汶川地震更令人震撼，对我们的社会结构提出了更严峻的挑战，也激发出更大的潜能。当疫区的社会以一种主动瘫痪来防止疫情蔓延可能导致的被动瘫痪，一部分人开始在混乱中思考：如何行动，才能帮助我们的社会抵御病毒的侵袭？他们不约而同地想到了一个关键词——云端。

　　志愿者没法进入疫区，但不妨碍志愿者们在云端集结。无数积极公民站了出来，他们大多数人并没有"组织"，他们似乎也不需要一个传统意义上的组织，他们就像凯文·凯利在《失控》一书中所描述的蜂群，通过自主选择的集体协作，快速高效地完成许多令人惊叹的集体行动。

　　"云端抗疫"，是 2020 年中国最惊艳的社会创新，这一成果并不是凭空出现的，得益于发轫自 2000 年前后的数字社会，在进入到 21 世纪的第二个十年时，蓬勃发展的互联网公益又为之提供了大量的实践，日渐成形的 O2O 体系让来自云端的创意得以落地。

　　如果说 2008 年是现代公益的元年，那 2020 年有可能是新公益的起点。

　　我预测 2020 年是新公益的起点，不单因为公益操作形式的技术变革，更因为公益组织逻辑的全面进化，一种新型的领导力（new power）在崛起，

正如杰里米·海曼斯和亨利·蒂姆斯在《新型的领导力》一书中所指出的，"新势力像电流一样运行。它来自大众，兼具开放、参与性和同伴驱动的特点。就像水和电一样，当它汹涌澎湃时，力量更大。新势力的目标不是积聚势力，而是让其流通"。

新型的领导力的崛起，并不是取代传统的组织方式，新、旧两种领导力大概率会交织、融合的方式共存，当然也会有某种程度的竞争，但两者在发挥作用的场域、覆盖的人群有所不同，两者的并存能丰富社会生态，并更多促进数字社会与现实社会的有效互动。

在这样的背景下，我认为新公益至少有三个发展趋势：

1.去中心化社群的兴起

2.技术赋权的进一步深入

3.公益与商业的边界日益模糊

一、去中心化社群的兴起

2020 年上半年是一个大型历史现场，突如其来的病毒把人们"囚禁"在一个个狭小的活动空间，面对揪心的确诊数字和网路传出的求助呼喊，"云端抗疫"风起云涌，线上的公益活动前所未有地蓬勃。这些公益活动并非由一个传统势力所策动，而是去中心化的，任务驱动的，甚至是"阅后即焚"——任务达成组织自行解散，神似 RPG 网络游戏里的"组团下副本"。

清华大学公共管理学院副教授贾西津将之称为一种"非组织的组织化"现象。

本文将这些原本没有"组织"，却在疫情中迅速组织化的网络社群称为"自组织网络"。如微博博主发起的"姐妹战疫"安心行动、武汉市民自发组织的"接送医护人员车队"、程序员搭建的数据平台"Wuhan2020 开源社区"，还有数以百计的明星后援团所发动的"粉丝公益"等，他们就像是网络空间里起舞的蜂群，看似无序，却创造出许多专业组织都没法企及的效率与速度。

当然，什么样的组织形式都不是万能的，网络自组织也有缺陷。在以支援武汉为名的网络社群里，也出现了高仿的骗钱群，也出现了不明真相的群众对突然冒出来的"网络领袖"的质疑，部分自组织因工作量过大，核心人员缺乏睡眠，在后期也出现运营效率下降的现象。但无论如何，自组织网络在危机时刻体现出来的效能与活力，比很多人员齐整的大机构更为出色，是我们的社会在这场战"疫"里最大的收获之一。

二、技术赋权的深化

我们讲的技术赋权，更多是数字技术赋权，或者是互联网技术赋权。

数字平台和社交媒体的大发展不仅让弱势群体有了更多的求助渠道，也催生了许多新型的，具有规模效应的公益活动，这些现象的出现，并不是社会或大机构主动赋予个体某种权力，而是提供了一个平台、一种渠道，让用户通过自己的参与性过程获取资源、表达诉求，从而为自己"增权赋能"。

技术赋权会形成一个跨界的，多元主体互相作用的关系网络。在这样的关系网络当中，它生产出一种权力，这种权力不是简单的自上而下的权力，体现精英对社会的控制，更多地产生了自下而上的权力，体现公民对社会的期许。自下而上和自上而下的权力会发生交汇，影响公共政策，进而影响中国社会的变化。

近十年来，技术赋权已经让公益行业的运作机制产生了很大的变化，在"希望工程"时代至 2008 年的汶川地震时期，人们很少能拿听见被帮扶群体的声音，甚至听不见一线公益从业者的声音，他们往往被行业的上游机构"代表"了。但随着微博、微信、抖音快手视频号等社交媒体渠道的兴起，多元的声音、诉求开始呈现。

近几年来，"弱势群体"通过社交媒体求助，并成功获得帮助的案例越来越多，一线公益机构也在互联网平台上放大了自身的影响力，而随着各大互联网公益平台的兴起，以及这些平台与公益行业合作的深化，技术赋权实际上在重塑着公益行业。

三、公益与商业的边界日益模糊

近年来，兼顾社会价值与商业利益的"混合模式"开始在中国流行。许多新经济公司的商业模式里就含有社会价值，更有甚者，他们的商业模式就是为了社会价值。"赚—捐—花"的传统流程被重组了，它们在某种程度上融合成了一个环节。这一趋势的背后是传统社会部门边界消融的现状：公益和商业之间，政府与私人部门之间，乃至线上与线下、虚拟与现实——这为创造更大的社会福利提供了许多新的可能性。

以公益慈善事业为例，过往企业负责赚钱，然后向公益组织捐赠，再由公益组织花钱的"赚—捐—花"传统链条正在大量失去支持者。越来越多的人认为，特别是互联网公司的从业者认为，这种基于工业流水线逻辑的解决方案已经不能适应信息化社会的需求了。

值得注意的是，在过去几年脱贫攻坚的大潮中，电商类的互联网公司提出了一个很前沿的观点："市场的机会就是脱贫的机会。"这标志着电商平台的公益方法论的成熟——即完全打破公益与商业的边界，一方面，依靠市场扶贫，帮贫困户卖东西；另一方面，把扶贫当作了开拓市场的一种方式，制造新的增长点。

本篇关键词

云端抗疫：指借助互联网渠道，通过线上社群和公共网络，推动信息的高效互通、资金和资源的筹集分配等一切抗击新冠肺炎疫情活动的总称。

全民战"疫"：指面对新冠肺炎疫情，医护人员奋战一线，社会各界捐款捐物，广大人民群众积极做好个人卫生防护，亿万国人众志成城、万众一心共同参与疫情防控。

善款追踪：指通过人工智能、大数据、区块链等技术清晰记录人们捐赠的每一笔钱，实时追踪善款流转的节点，确保每一笔善款都可以透明、高效地用到实处。

发展型需求：指公众对于衣食住行等基本生存需求之外的更高层次的需求，与人的生存刚需相对，往往指精神层面的需求。

责任编辑：赵圣涛

封面设计：王欢欢

责任校对：吕　飞

图书在版编目（CIP）数据

从数字生活到数字社会：中国数字经济年度观察：2021 ／美团研究院 编著 . —
　北京：人民出版社，2021.8

ISBN 978 - 7 - 01 - 023565 - 3

I.①从…　II.①美…　III.①信息经济 - 研究 - 中国 - 2021　IV.① F492

中国版本图书馆 CIP 数据核字（2021）第 135828 号

从数字生活到数字社会

CONG SHUZI SHENGHUO DAO SHUZI SHEHUI

——中国数字经济年度观察：2021

美团研究院　编著

人民出版社 出版发行

（100706　北京市东城区隆福寺街 99 号）

北京盛通印刷股份有限公司印刷　新华书店经销

2021 年 8 月第 1 版　2021 年 8 月北京第 1 次印刷

开本：710 毫米 × 1000 毫米 1/16　印张：14.25

字数：260 千字

ISBN 978 - 7 - 01 - 023565 - 3　定价：69.00 元

邮购地址 100706　北京市东城区隆福寺街 99 号

人民东方图书销售中心　电话（010）65250042　65289539